U0153600

唐代政治史述論稿

陳寅恪／著

學術・民國選書

大家講堂

五南圖書出版公司 印行

目次

學識之法門・智慧之淵藪

——序五南「大家講堂」

曾永義

五南圖書陸續推出一套叢書叫「大家講堂」。這裡的「大家」，固然不是舊時指稱高門貴族的「大戶人家」，也不是用來尊稱漢代才女班昭「曹大家」的「大家」；但也包含兩層意義：一是指學藝專精，歷久彌著，影響廣遠的人物，如古之「唐宋八大家」，今之文學、史學、藝術、科學、哲學等等之「大家」或「大師」；二是泛指衆人，有如「大夥兒」。而這裡的「講堂」，雖然還是一般「講學廳堂」的意思，只是它已改變了實質的形式，既沒有講席，也沒有聽席；因爲這講席上的大師已經化身在書本之中，只要你打開書本，大師馬上就浮現在你眼前，對你循循善誘；而你自然的也好像坐在聽席上，悠悠然受其教誨一般。於是這樣的講堂，便可以隨著你無遠弗屆，無時不達。只要你有心向學，便可以隨時隨地學習，受益無量。而由於這樣的「講學廳堂」是由諸多各界大師所主持的講席，是大夥兒都可以入坐的聽席，所以是名副其實的「大家講堂」。

長年以來，我對於五南出版公司創辦人兼發行人楊榮川先生甚爲佩服。他行年已及耄耋，猶以學術文化出版界老兵自居，認爲傳播知識、提升文化是他矢志的天職。他憂慮網路資訊，擾亂人心，佔據人們學識、智慧、性靈的生活。使往日書香繚繞的社會，呈現一片紛亂擾攘的空虛。於是他親自策畫「經典名著文庫」，聘請三十位學界菁英擔任評議，自民國一〇七年，迄今已出版一一〇種。他卻發現所收錄之經典大多數係屬西方，作爲五千年的文化中國，卻只有孔孟老莊哲學十數種而已，實屬缺憾，爲此他油然又興起淑世之心，要廣設「大家講堂」，再度興起人們「閱讀大師」的脾胃，進而品會大師優異學識的法門，探索大師智慧的無盡藏。潛移默化的，砥礪切磋的，再度鮮活我們國民的品質，弘揚我們文化的光輝。

我也非常了解何以榮川先生要策畫推出「大家講堂」來遂他淑世之心的動機和緣故。我們都知道，被公認的大家或大師，必是文化耆宿、學術碩彥。他們著作中的見解，必是薈萃自己畢生的眞知卓見，或言人所未嘗言，或發人所未嘗發；任何人只要沾溉其餘瀝，便有如醍醐灌頂，頓時了悟；而何況含茹其英華！或謂大師博學深奧，非凡夫俗子所能領略，又如何能夠沾其餘瀝、茹其英華？是又不然，凡稱大家大師者，必先有其艱辛之學術歷程，而爲創發之學說，而爲建構之律則；但大師之學養必能將其象牙塔之成果，融會貫通，轉化爲大衆能了解明白之語言例證，使人如坐春風，趣味橫生。

譬如王國維對於戲曲，先剖析其構成爲九個單元，逐一深入探討，再綜合菁華要義，結撰爲人人能閱讀的《宋元戲曲史》，使戲曲從此跨詩詞之地位而躐之，躋入大學與學術殿堂。魯迅和鄭振鐸也一樣，分別就小說和俗文學作全面的觀照和個別的鑽研，從而條貫其縱剖面、組織其橫剖面，成就其《中國小說史略》、《中國俗文學史》，使古來中國之所謂「文學」，頓開廣度和活色。又如胡適先生《中國古代哲學史大綱》，誠如蔡元培在爲他寫的〈序〉中所言，他能夠先解決先秦諸子材料眞僞的問題。又能依傍西洋人哲學史梳理統緒的形式；因而在他的書裡，才能呈現出「證明的方法」、「扼要的手段」、「平等的眼光」、「系統的研究」等四種特長，要言不繁的導引我們進入中國古代哲學的苑囿，聆賞先秦諸子的大智大慧。

也因此榮川先生的「大家講堂」一方面要彌補其「經典名著文庫」的不足，便以收錄一九四九年以前國學大師之著作爲主。凡其核心之學術代表著作，既爲畢生研究之精粹，固在收錄之列；而其具有普世之意義與價值，經由大師將其精粹轉化爲深入淺出之篇章者，其實更切合「大家講堂」之名實與要義，尤爲本叢書所要訪求。

記得我在上世紀八〇年代，也已經感受到「學術通俗化、反哺社會」的意義和重要，曾以此爲題，在《聯副》著文發表，並且身體力行，將自己在戲曲研究之心得，轉化其形式而爲文建會製作之「民間劇場」，使之再現宋元「瓦舍勾欄」之樣貌，並據此規畫「民俗技藝園」（今之宜蘭傳統藝術中心），作爲維護薪傳民俗技藝之場所，並藉由展演帶動社會及各級學校重視民俗技藝之熱潮，乃又進一步以「民俗技藝」作文化輸出，巡迴演出於歐美亞非中美澳洲列國，可以說是一個很成功的例證。近年我的摯友許進雄教授，他是世界甲骨學名家，其學術根柢之深厚、成就之豐碩無須多言，他同樣體悟到有如「大家講堂」的旨趣；乃以通俗的筆墨，寫出了《字字有來頭》七冊和《漢字與文物的故事》四冊，頓時成爲兩岸極暢銷之書。其《字字有來頭》還要出版韓文翻譯本。

已經逐步推出的「大家講堂」，主編蘇美嬌小姐說，爲了考量叢書在中華學識和文化上的意義和價值，因此其出版範圍先以「國學」，亦即以中國文史哲爲限。而以作者逝世超過三十年以上之著作爲優先。而在這裡我要強調的是：「大家」或「大師」的鑑定務須謹嚴；其著作最好是多方訪求，融會學術菁華再予以通俗化的篇章。如此才能眞正而容易的使「大家」或「大師」在他主持的「大家講堂」上，如「隨風潛入夜，潤物細無聲」的春雨那樣，普遍的使得那熱愛而追求學識的一大夥人，都能領略其要義而津津有味。而那一大夥人也像蜜蜂經歷繁花香蕊一般，細細的成就，釀成自家學識法門的蜜汁；而久而久之，許許多多大家或大師的智慧，也將由於那一大夥人不斷的探索汲取，而使之個個成就爲一己的智慧淵藪。我想這應當更合乎策畫出版「大家講堂」的遠猷鴻圖。

榮川先生同時還策畫出版「古釋今繹系列」和「中華文化素養書」做爲「大家講堂」的姐妹編，爲此使我更加感佩他堅守做爲「出版界老兵」的淑世之心。

二〇二〇年元月二十九日晨

於台北森觀寓所

自序

寅恪嘗草《隋唐制度淵源略論稿》，於李唐一代法制諸端，妄有所論述。至於政治史事，以限於體例，未能涉及。茲稿所言則以唐代之政治史爲範圍，蓋所以補前稿之未備也。夫吾國舊史多屬於政治史類，而《資治通鑑》一書，尤爲空前傑作。今草茲稿，可謂不自量之至！然區區之意，僅欲令初學之讀《通鑑》者得此參考，或可有所啓發，原不敢謂有唐一代政治史之綱要，悉在此三篇中也。儻承通識君子不誤會創草茲稿之本旨，而糾正其訛謬，何幸如之！

壬午七夕　陳寅恪書於桂林良豐雁山別墅

上篇　統治階級之氏族及其升降

《朱子語類・壹參陸・歷代類》參云：

唐源流出於夷狄，故閨門失禮之事不以為異。

朱子之語頗爲簡略，其意未能詳知。然即此簡略之語句亦含有種族及文化二問題，而此二問題實李唐一代史事關鍵之所在，治唐史者不可忽視者也。茲請先論唐代三百年統治階級中心皇室之氏族問題，然後再推及其他統治階級之種族及文化問題。

若以女系母統言之，唐代創業及初期君主，如高祖之母爲獨孤氏，太宗之母爲竇氏，即紇豆陵氏，高宗之母爲長孫氏，皆是胡種，而非漢族。故李唐皇室之女系母統雜有胡族血胤，世所共知。不待闡述，茲所論者專以男系父統之氏族爲範圍也。

唐之皇室本有自撰之譜牒，原書今不可見。然如《冊府元龜》及《兩唐書》等唐皇室先世淵源之記載固出自李唐皇室自撰之譜牒，即唐太宗御撰之《晉書》亦唐皇室自述其氏族淵源之要籍。故茲依據此類唐室自敘其家世之著述，復取其他史料互相參證，以討論此問題焉。

李唐世系之紀述，其見於《冊府元龜・壹・帝王部帝系門》、《舊唐書・壹・高祖紀》、《新唐書・壹・高祖紀》、《北史・壹佰・序傳》及《晉書・捌柒・涼武昭王傳》等書者，皆不及《新唐書・柒拾上・宗室世系表》所載之詳備，今即依此表與其他史料討論之。表云：

〔李〕歆字士業，西涼後主。八子：勗、紹、重耳、弘之、崇明、崇產、崇庸、崇祐。重耳字景順，以國亡奔宋，為汝南太守。後魏克豫州，以地歸之，拜恆農太守，復為宋將薛安都所陷。後魏安南將軍豫州刺史，生獻祖宣皇帝諱熙，字孟良，後魏金門鎮將（《舊唐書・壹・高祖紀》云：「率豪傑鎮武川，因家焉。」《新唐書・壹・高祖紀》同）。生懿祖光皇帝，諱天賜，字德真。三子：長曰起頭，長安侯。生達摩，後周羽林監太子洗馬長安縣伯。次曰太祖（虎），次曰乞豆。

此表所載必出唐室自述其宗系之舊文。茲就其所紀李重耳、李熙父子事實，分析其內容，除去其為西涼李暠之正支後裔一事以外，尚有七事，條列於下：

(一)其氏為李。
(二)父為宋汝南太守。
(三)後魏克豫州，父以地歸之。
(四)父為後魏恆農太守。
(五)父為宋將薛安都所陷，即所擒。
(六)父為後魏安南將軍豫州刺史。
(七)子為後魏金門鎮將。

考《宋書・伍・文帝紀》云：

〔元嘉〕二十七年二月辛巳索虜寇汝南諸郡，陳、南頓二郡太守鄭琨，汝陽、潁川二郡太守郭道隱委守走。索虜攻懸瓠城，行汝南郡事陳憲拒之。

又同書柒貳〈南平穆王鑠傳〉云：

索虜大帥拓拔燾南侵陳潁，遂圍懸瓠城，太守陳憲保城自固。

又同書柒柒〈柳元景傳〉略云：

〔元嘉〕二十七年八月〔隨王〕誕遣振威將軍尹顯祖出貲谷，奮武將軍魯方平、建武將軍薛安都、略陽太守龐法起入盧氏。（中略）。〔閏〕十月法起、安都、方平諸軍入盧氏。（中略）。法起諸軍進次方伯自，去弘農城五里。（中略）。諸軍造攻具，進兵城下。偽弘農太守李初古拔嬰城自固，法起、安都、方平諸軍鼓噪以陵城。（中略）。安都軍副譚金、薛係孝率眾先登，生禽李初古拔父子二人。（中略）。殿中將軍鄧盛、幢主劉駼亂使人入荒田，招宜陽人劉寬糾，率合義徒二千餘人，共攻金門塢，屠之。殺戍主李買得，古拔子也，為虜永昌王長史，勇冠戎類。永昌聞其死，若失左右手。

又同書玖伍〈索虜傳〉略云：

〔元嘉〕二十七年，燾自率步騎十萬寇汝南。（中略）。宣威將軍陳、南頓二郡太守鄭緄（〈文帝紀〉作琨），綏遠將軍汝南、潁川二郡太守郭道隱并棄城奔走。虜掠抄淮西六郡，殺戮甚多。攻圍懸瓠城，城內戰士不滿千人。先是，汝南、新蔡二郡太守徐遵之去郡，南平王遺左軍行參軍陳憲行郡事，憲嬰城固守。（中略）。燾遣從弟永昌王庫仁真步騎萬餘將所略六郡口北屯汝陽。（中略）。太祖嘉憲固守，詔曰：「右軍行參軍行汝南、新蔡二郡軍事陳憲盡力捍衛，全城摧寇，忠敢之效宜加顯擢，可龍驤將軍汝南、新蔡二郡太守！」

又《魏書・陸壹・薛安都傳》云：

後自盧氏入寇弘農，執太守李拔等，遂逼陝城。時秦州刺史杜道生討安都，仍執拔等南遁。及世祖（拓拔燾）臨江，拔乃得還。

據上引史實，則父稱李初古拔，子稱李買得，名雖類胡名，姓則爲漢姓，其氏既爲李，是與上列第一條適合。李初古拔爲弘農太守，弘農即恆農，後魏以避諱故改稱恆農，是與第四條適合。李初古拔爲宋將薛安都所擒，是與第五條適合。《宋書・柳元景傳》言：「生擒李初古拔父子」，《魏書・薛安都傳》言：「執李拔等，仍執拔等南遁。及世祖臨江，拔乃得還」，則李初古拔當不止一子，殆買得死難，以弟或兄代領其職，今不能確知。但《冊府元龜・壹・帝王部帝系門》及《兩唐書・壹・高祖紀》等書李熙率豪傑鎮武川因而留居之記載，乃後來宇文泰所改造，並非事實，俟後詳論之。總之，李熙爲金門鎮將，李買得亦爲金門塢戍主，地理專名如是巧同，亦可認爲與第七條適合，至於北魏諸鎮設置之時代及其地望等問題則別爲一事，非茲所討論者也。又第二條李重耳爲宋汝南太守一事，徵諸上引史實，絕不可能。蓋既言：「爲宋將薛安都所陷」，其時必在元嘉二十七年。當時前後宋之汝南太守其姓名皆可考知，郭道隱則棄城走，徐遵之則去郡，陳憲則先行郡事，後以守城功擢補實官。故依據時日先後，排比推計，實無李重耳可爲宋汝南太守之餘地。據《宋書・柳元景傳》言：「李買得爲永昌王長史，永昌聞其死，若失左右手」，則李氏父子與永昌王關係密切可以推知。《宋書・索虜傳》又言：「永昌王北屯汝陽」，考《資治通鑑》繫永昌王屯汝陽事於元嘉二十七年三月，繫李初古拔被擒事於元嘉二十七年閏十月，而汝陽縣本屬汝南郡，後別分爲汝陽郡者，故以時日先後、地理接近及人事關係論，李初古拔殆於未被擒以前曾隨永昌王屯兵豫州之境，因有汝南太守之授。然則此唐室譜牒所言之汝南太守實非宋之汝南太守，乃由魏之汝南太守所修改而成者也。第六條之安南將軍豫州刺史當即與第二條有關，檢《冊府元龜・壹・帝王部帝系門》之文，豫州刺史之上有「贈」字，是豫州刺史乃後來追贈之官，故於此不成問題，可不討論矣。《魏書・薛安都傳》言：「〔安都〕仍執〔李〕拔等南遁。及世沮臨江，拔乃得還」，是李初古拔原有自北至南復自南還北一段因緣，李唐自述先世故實，竟或因此加以修改，以傳會李重耳之由北奔南，又由南歸北耶？幸賴其與他種記載符合及矛盾，留一罅隙，千載而後遂得以發其覆也。

復次，《魏書・薛安都傳》之李拔即《宋書・柳元景傳》李初古拔之渻稱及雅名。《梁書・伍陸・侯景傳》載景之祖名周，而《南史・捌拾・侯景傳》作羽乙周，正與此同例。蓋胡人名字原是對音，故成繁鄙，異於華夏之雅稱，後代史官屬文，因施刪略。夫侯景稱帝，七世廟諱父祖之外皆王偉追造（見《梁書南史・侯景傳》），天下後世傳爲笑談。豈知李唐皇室先世之名字亦有與此略相類似者乎？又據《魏書・肆貳・薛辯傳附長子初古拔傳》（《北史・參陸・薛辯傳》同）云：

> 長子初古拔，一曰車輅拔（《北史》輅作轂），本名洪祚，世祖賜名。

同書參貳〈高湖傳〉亦附載高各拔之名。然則初古拔或車輅拔乃當日通常胡名，頗疑李初古拔如其同時薛洪祚之例，亦本有漢名，特以胡名著稱於史耳。

總而言之，前所列之七條，第一、第四、第五、第七四條之中，李重耳父子事實皆與李初古拔父子事實適合。第六條乃第二條之附屬，無獨立性質，可不別論。第二條、第三條實互相關聯，第五條既言：「爲宋將薛安都所陷」，則元嘉二十七年南北交兵之際李氏父子必屬於北，而不屬於南，否則何得謂爲宋將所擒？故今易原文之劉宋爲後魏，則第二、第三條之事實不獨不與其他諸條相反，而且與之相成。況其他諸條中涵有「元嘉二十七年」一定之時間、「李氏」「薛安都」之姓名專名、「弘農」「金門」之地理專名，而竟能兩相符應，天地之間似無如此偶然巧值之事。故今假定李唐爲李初古拔之後裔，或不至甚穿鑿武斷也。

抑更有可論者，據《唐會要》壹帝號條上云：

獻祖宣皇帝諱熙（涼武昭王暠曾孫、嗣涼王歆孫、弘農太守重耳之子也）。武德元年六月二十二日追尊為宣簡公，咸亨五年八月十五日追尊宣皇帝，廟號獻祖，葬建初陵（在趙州昭慶縣界，儀鳳二年五月一日追封為建昌陵，開元二十八年七月十八日詔改為建初陵）。懿祖光皇帝諱天賜（宣皇帝長子）。武德元年六月十二日追尊懿王，咸亨五年八月十五日追尊光皇帝，廟號懿祖，葬啓運陵（在趙州昭慶縣界，儀鳳二年五月一日追封為延光陵，開元二十八年七月十八日詔改為啓運陵）。

《元和郡縣圖志》壹柒（參閱《舊唐書・參玖・地理志》，及《新唐書・參玖・地理志》趙州昭慶縣條）：

趙州。

昭慶縣，本漢廣阿縣，屬鉅鹿郡。

皇十三代祖宣皇帝建初陵。高四丈，週迴八十丈。皇十二代祖光皇帝啓運陵。高四丈，週迴六十步。二陵共塋，週迴一百五十六步。在縣西南二十里。

《冊府元龜・壹・帝王部帝系門》略云：

唐高祖神堯皇帝姓李氏，隴西狄道人。其先出自李暠，是為涼武昭王，薨，子歆嗣位，為沮渠蒙遜所滅。歆子重耳奔於江南，仕宋為汝南郡守，復歸於魏，拜弘農太守，贈豫州刺史。生熙，起家金門鎮將。後以良家子鎮於武川，都督軍戎百姓之務，終於位，因家焉。生天賜，仕魏為幢主，大統時贈司空。生太祖景皇帝虎，封趙郡公，徙封隴西公；周受魏禪，錄佐命功，居第一，追封唐國公。生世祖元皇帝昞，在位十七年，封汝陽縣伯，襲封隴西公；周受禪，襲封唐國公。高祖即元皇帝之世子，母曰元貞皇后，七歲襲封唐國公，義寧二年受隋禪。

今河北省隆平縣尙存唐光業寺碑，碑文爲開元十三年宣義郎前行象城縣尉楊晉所撰，中央研究院歷史語言研究所藏有拓本，頗殘闕不可讀。茲取與黃彭年等修《畿輔通志・壹柒肆・古跡略》所載碑文相參校，而節錄其最有關之數語於下：

> （上略）。皇祖瀛州刺史宣簡公謹追上尊號，謚宣皇帝，皇祖妣夫人張氏追上尊號，謚宣莊皇后。皇祖懿王謹追上尊號，謚光皇帝，皇祖妣妃賈氏謹追上尊號，謚光懿皇后。（中略）。詞曰：維王桑梓，本際城池。（下略）。

案：李熙、天賜父子共塋而葬，即族葬之一證。光業寺碑頌詞復有「維王桑梓」之語，則李氏累代所葬之地即其家世居住之地，絕無疑義，而唐皇室自稱其祖留居武川之說可不攻自破矣。又據《魏書・壹佰陸上・地形志》南趙郡廣阿縣條、《隋書・參拾・地理志》趙郡大陸縣條及《元和郡縣圖志・壹柒趙州昭慶縣條等，知李氏父子葬地舊屬鉅鹿郡，與山東著姓趙郡李氏居住之舊常山郡壤地鄰接，李虎之封趙郡公當即由於此也。又《漢書・貳捌・地理志》載中山國唐縣有堯山，《魏書・壹佰陸上・地形志》載南趙郡廣阿縣即李氏父子葬地復有堯臺。李虎死後，追封唐國公，蓋止取義於中山、鉅鹿等地所流傳之放勳遺蹟，並非如通常廣義兼該太原而言也。至《大唐創業起居注》所云：

> 初，帝奉詔為太原道安撫大使，帝以太原黎庶陶唐舊民，奉使安撫不踰本封，因私喜此行以

為天意。

則爲後來依附通常廣義之解釋，殊與周初追封李虎爲唐國公時暗示其與趙郡相關之本旨不同也。然則李唐豈眞出於趙郡耶？若果爲趙郡李氏，是亦華夏名家，又何必假稱出於隴西耶？考《元和郡縣圖志》壹伍云：

邢州。

堯山縣，本曰柏人，春秋時晉邑，戰國時屬趙，秦滅趙，屬鉅鹿郡，後魏改「人」為「仁」，天寶元年改為堯山縣。

又同書壹柒云：

趙州。

平棘縣，本春秋時晉棘蒲邑，漢初為棘蒲，後改為平棘也，屬常山郡。

李左車墓在縣西南七里。

趙郡李氏舊宅在縣南二十里，即後魏以東山東舊族也，亦謂之三巷李家云。東祖居巷之東，南祖居巷之南，西祖居巷之西，亦曰三祖宅巷也。三祖李氏亦有地屬高邑縣。

元氏縣，本趙公子元之封邑，漢於此置元氏縣，屬常山郡，西漢常山太守皆理於元氏。

開業寺，在縣西北十五里，即後魏車騎大將軍陝定二州刺史尚書令司徒公趙郡李徽伯之舊宅也。

柏鄉縣，本春秋時晉鄗邑之地，漢以為縣，屬常山郡，後漢改曰高邑，屬常山國，齊天保七年移高邑縣於漢房子縣東北界，今高邑縣是也。

高邑縣故城在縣北二十一里，本漢鄗縣地也。

高邑縣，本六國時趙房子之地，漢以為縣，屬常山郡。

贊皇縣，本漢鄗邑縣之地，屬常山郡。

百陵崗，在縣東十里，即趙郡李氏之別業於此崗下也，崗上亦有李氏塋冢甚多。

昭慶縣，本漢廣阿縣，屬鉅鹿郡。

皇十三代祖宣皇帝建初陵。

皇十二代祖光皇帝啓運陵，二陵共塋，在縣西南二十里。（昭慶縣條前已引及，為便於解說起見，特重出其概略於此。）

《元和郡縣圖志》著者李吉甫出於趙郡李氏，故關於其宗族之先塋舊宅皆詳載之，若一取其分布之地域核之，則趙郡李氏其顯著支派所遺留之故蹟，俱不出舊常山郡之範圍。據此，則趙郡李氏顯著支派當時之居地可以推知也。但其衰微支派則亦有居舊鉅鹿郡故疆者，考《北史・叄參・李孝伯傳》末附載趙郡李氏世系一節（《新唐書・柒貳・宰相世系表》趙郡李氏條及鄧名世《古今姓氏書辨證》貳壹同）云：

楷避趙王倫之難，徙居常山。楷子輯，輯子愼、敦，居柏仁，子孫甚微。

案：柏仁、廣阿二縣，後魏時俱屬南趙郡，土壤鄰接，實可視爲一地域。趙郡李氏子孫甚微之一支，其徙居柏仁之時代雖未能確定，然李楷避西晉趙王倫之難，下數至其孫愼及敦，僅有二代，則李愼、李敦徙居柏仁，約在江左東晉之時。李熙父子俱葬於廣阿，計其生時亦約當南朝宋齊之世，故以地域鄰接及時代先後二者之關係綜合推論，頗疑李唐先世本爲趙郡李氏柏仁一支之子孫，或者雖不與趙郡李氏之居柏仁者同族，但以同姓一姓同居一地之故，遂因緣攀附，自託於趙郡之高門，衡以南北朝庶姓冒稱士族之慣例，殊爲可能之事。總而言之，據可信之材料，依常識之判斷，李唐先世若非趙郡李氏之「破落戶」，即是趙郡李氏之「假冒牌」。至於有唐一代之官書，其紀述皇室淵源間亦保存原來眞實之事跡，但其大部盡屬後人諱飾誇誕之語，治史者自不應漫無辨別，遽爾全部信從也。

又《魏書．玖玖．私署涼王李暠傳》本不載重耳南奔始末，傳世之《十六國春秋纂錄．陸．西涼錄》亦無其事。而湯球之《十六國春秋輯補》轉取唐修《晉書》之〈涼武昭王傳〉添此一段蛇足（見湯書敘例），殊爲無識。今敦煌本之《十六國春秋》殘卷惜未得見，不知與此有關否？至於僞本《十六國春秋》載重耳事採自唐修《晉書》更不足辨論矣。

復次，《周書．肆．明帝紀》（《北史．玖．明帝紀》同）云：

二年三月庚申詔曰：「三十六國九十九姓，自魏氏南徙，咸稱河南之民。今周室既都關中，宜改稱京兆人。」

《隋書．參參．經籍志》史部譜序篇序云：

後魏遷洛，有八氏十姓，咸出帝族；又有三十六族，則諸國之從魏者；九十二（九？）姓世為部落大人者，並為河南洛陽人。其中國士人則第其門閥，有四海大姓、郡姓、州姓、縣姓；及周太祖入關，諸姓子孫有功者，並令為其宗長，仍撰譜錄，紀其所承，又以關內諸州為其本望。

據上引史文，嚴格解釋，則《隋志》之文自「後魏遷洛」至「並爲河南洛陽人」止一節，專指胡人而言，其本末見於《魏書・壹壹參・官氏志》等即魏孝文帝改胡姓爲漢姓之事也。《周書》、《北史》周明帝二年（公元五五八年）三月庚申詔書亦指胡人而言，明帝二年在魏孝武帝入關之年（公元五三四年）後二十四年，在西魏恭帝元年（公元五五四年）改有功諸將姓爲胡姓（事見《周書・貳・文帝紀下》、《北史・玖・周本紀上》）後亦四年，故從入關之遷洛諸胡族其改京兆郡望當在有功諸漢將改關內郡望之後也。

又《隋志》之文自「其中國士人」至「又以關內諸州爲其本望」止一節，實專指漢人而言。然則李唐之稱西涼嫡裔，即所謂「並令爲其宗長，仍撰譜牒，紀其所承」，其改趙郡郡望爲隴西郡望，即所謂「又以關內諸州爲其本望」，豈非寅恪之假說得此史文而益證實耶？所不解者，昔人於此何以未嘗留意？抑別有其他較勝之說耶？此則深願求教於博識通人也。

復次，《唐會要》參皇后條（開元十三年光業寺碑文及巴黎圖書館藏敦煌寫本伯希和號第貳阡伍佰肆唐代祖宗忌日表等均同）云：

宣皇帝（熙）皇后張氏。

光皇帝（天賜）皇后賈氏。

景皇帝（虎）皇后梁氏。

元皇帝（昞）皇后獨孤氏。

據此，張賈皆是漢姓，其爲漢族，當無可疑。梁氏如梁禦之例，雖有出自胡族之嫌疑（見《周書》壹玖、《北史》伍玖〈梁禦傳〉，又《魏書・壹壹參・官氏志》云：「拔列氏後改爲梁氏」），但梁氏本爲漢姓，大部分皆是漢族，未可以其中有極少數出自胡族之故，遽概括推定凡以梁爲氏者皆屬胡族也。故李虎妻梁氏在未能確切證明其氏族所出以前，仍目之爲漢族，似較妥慎。然則李唐血統其初本是華夏，其與胡夷混雜，乃一較晚之事實也。

茲依據上述資料，作一李唐皇室血統世系表，起自李熙，迄於世民，以備參考。至李重耳則疑本無其人，或是李初古拔之化身，故不列入，以示闕疑之意。凡女統確知爲漢族者，標以□符號；確知爲胡族者標以～～符號；雖有胡族嫌疑，但在未發見確證，仍可認爲漢族者，則標以……符號。

李熙	天賜	虎	昞	淵	世民
張氏（□）	賈氏（□）	梁氏（……）	獨孤氏（～～）	竇氏（～～）	長孫氏（～～）

茲依據上引資料及其解釋，再將李唐世系先後改易之歷程及胡漢文化問題加以說明。此

世系改易之歷程，實不限於李唐皇室一族，凡多數北朝、隋唐統治階級之家，亦莫不如是，斯實中國中古史上一大問題，亦史學中千載待發而未發之覆也。

自鮮卑拓拔部落侵入中國統治北部之後，即開始施行漢化政策，如解散部落同於編戶之類（見《北史》捌拾《魏書》捌參上〈外戚傳〉〈賀訥傳〉、《北史》玖捌《魏書》壹佰參〈高車傳〉及《魏書・壹壹參・官氏志》等），其尤顯著之例也。此漢化政策其子孫遵行不替，及魏孝文帝遷都洛陽，其漢化程度更爲增高，至宣武、孝明之世，則已達頂點，而逐漸腐化矣。然同時邊塞六鎮之鮮卑及胡化之漢族，則仍保留其本來之胡化，而不爲洛都漢化之所浸染。故中央政權所在之洛陽其漢化愈深，則邊塞六鎮胡化民族對於漢化之反動亦愈甚，卒釀成六鎮之叛亂，爾朱部落乘機而起。至武泰元年（公元五二八年）四月十三日河陰之大屠殺，遂爲胡人及胡化民族反對漢化之公開表示，亦中古史劃分時期之重要事變也。六鎮鮮卑及胡化漢族既保持胡部特性，而不漸染漢化，則爲一善戰之民族，自不待言。此民族以饑饉及虐政之故激成反抗，南向遷徙，其大部分輾轉移入高歡統治之下（見《北齊書・壹・神武紀上》、《北史・陸・齊本紀上》、《隋書・貳肆・食貨志》）。故歡之武力遂無敵於中原，終藉此以成其霸業。其他之小部分，由賀拔岳、宇文泰率領西徙，割據關隴，亦能抗衡高氏，分得中國西北部之地，成一北朝東西並峙之局，此治史者所習知也。然宇文氏只分有少數之六鎮民族，復局促於關隴一隅之地，終能併吞分有多數六鎮民族及雄據山東富饒區域之高齊，其故自非僅由一二君主之賢愚及諸臣材不材之所致，蓋必別有一全部系統之政策，爲此東西並立之二帝國即周齊兩朝勝敗興亡決定之主因，可以斷言也。

宇文泰率領少數西遷之胡人及胡化漢族割據關隴一隅之地，欲與財富兵強之山東高氏及神州正朔所在之江左蕭氏共成一鼎峙之局，而其物質及精神二者力量之憑藉，俱遠不如其東南二敵，故必別覓一途徑，融合其所割據關隴區域內之鮮卑六鎮民族，及其他胡漢土著之人爲一不可分離之集團，匪獨物質上應處同一利害之環境，即精神上亦必具同出一淵源之信仰，同受一文化之薰習，始能內安反側，外禦強鄰。而精神文化方面尤爲融合複雜民族之要道。在此以前，秦苻堅、魏孝文皆知此意者，但秦魏俱欲以魏晉以來之漢化能罩全部複雜民族，故不得不亟於南侵，非取得神州文化正統所在之江東而代之不可，其事既不能成，僅餘一宇文泰之新途徑而已。此新途徑即就其割據之土依附古昔，稱爲漢化發源之地（魏孝文之遷都洛陽，意亦如此，惟不及宇文泰之澈底，故仍不忘南侵也），不復以山東江左爲漢化之中心也，其詳具於拙著《隋唐制度淵源略論稿》，茲不贅論。此宇文泰之新途徑今姑假名之爲「關中本位政策」，即凡屬於兵制之府兵制及屬於官制之周官皆是其事。其改易隨賀拔岳等西遷有功漢將之山東郡望爲關內郡望，別撰譜牒，紀其所承（見前引《隋書・參參・經籍志》譜序篇序），又以諸將功高者繼塞外鮮卑部落之後（見《周書・貳・文帝紀下》及《北史・玖・周本紀上》西魏恭帝元年條等），亦是施行「關中本位政策」之例證，如欲解決李唐氏族問題當於此中求之也。

概括言之，宇文泰改易氏族之舉，可分先後二階段：第一階段則改易西遷關隴漢人中之山東郡望爲關內郡望，以斷絕其鄉土之思（初止改易漢人之山東郡望，其改易胡人之河南郡望爲京兆郡望，則恐尚在其後，見前引《周書・肆・明帝紀》及《北史・玖・周本紀上》明帝二年三月庚申詔書），並附會其家世與六鎮有關，即李熙留家武川之例，以鞏固其六鎮團體之情感。此階段當在西魏恭帝元年（公元五五四年）復魏孝文帝所改鮮卑人之胡姓及賜諸漢將有功者以胡姓之前，凡李唐改其趙郡郡望爲隴西，僞託西涼李暠之嫡裔及稱家於武川等，均是此階段中所爲也。第二階段即西魏恭帝元年詔以諸將之有功者繼承鮮卑三十六大部落及九十九小部落之後，凡改胡姓諸將所統之兵卒亦從其主將之胡姓，逕取鮮卑部落之制以治軍，此即府兵制初期之主旨（詳見拙著《隋唐制度淵源略論稿・兵制》章，茲不贅論）。李唐之得賜姓大野，即在此階段中所爲也。至周末隋文帝專周政，於大象二年（公元五八二年）十二月癸亥回改胡姓復爲漢姓，其結果只作到回復宇文氏第二階段之所改，而多數氏族仍停留於第一階段之中，此李唐所以雖去大野之胡姓，但仍稱隴西郡望及冒託西涼嫡裔也。職是之故，北朝、隋唐史料中諸人之籍貫往往紛歧，如與李唐先世同列八大柱國之李弼一族，《周書・壹伍・李弼傳》、《舊唐書・伍參・李密傳》（密爲弼之曾孫）、壹參拾〈李泌傳〉（泌爲弼之六代孫），及《新唐書・柒貳上・宰相世系表》俱以爲遼東襄平人，而

《北史・陸拾・李弼及曾孫密傳》、《文苑英華》玖肆捌魏徵撰〈李密墓誌銘〉則以為隴西成紀人。蓋公私著述敘及籍貫或僅據回復至第一階段立言，或逕依本來未改者爲說，斯其所以彼此差異也。但隋唐兩朝繼承宇文氏之遺業，仍舊施行「關中本位政策」，其統治階級自不改其歧視山東人之觀念（見《舊唐書》柒捌《新唐書》壹佰肆〈張行成傳〉）。故隋唐皇室亦依舊自稱弘農楊震、隴西李暠之嫡裔，僞冒相傳，迄於今日，治史者竟無一不爲其所欺，誠可嘆也（據《新唐書・柒壹下・宰相世系表》楊氏條，隋皇室自稱爲弘農楊震長子牧之後。此即《隋書・經籍志》所謂「今爲其宗長，仍撰譜牒，紀其所承，又以關內諸州爲其本望」者。以非本篇範圍，故不詳論，讀者可以依據有關史料類推也）。

復次，漢人與胡人之分別，在北朝時代文化較血統尤爲重要。凡漢化之人即目爲漢人，胡化之人即目爲胡人，其血統如何，在所不論。茲舉二例以證明之：

《北齊書・貳肆・杜弼傳》（《北史・伍伍・杜弼傳》同）云：

> 顯祖（高洋）嘗問弼云：「治國當用何人？」對曰：「鮮卑車馬客，會須用中國人。」顯祖以為譏己。

夫高齊無論其母系血統屬於何種，但其自稱及同時之人均以爲其家世出自渤海蓨縣，固當日華夏之高門也。至於其所漸染者則爲胡化，而非漢化。杜弼斥鮮卑，而高洋以爲譏己，是漢人之受胡化者，即自命爲胡人也。

又《北史・貳捌・源賀傳》（參考《魏書・肆壹・源賀傳》、《北齊書・伍拾・恩倖傳・高阿那肱傳》，至《隋書・陸陸・源師傳》刪去「漢兒」二字，殊失當時語意矣）略云：

> 源賀，西平樂都人，私署河西王禿髮傉檀之子也。傉檀為乞伏熾盤所滅，賀自樂都奔魏，太武素聞其名，謂曰：「卿與朕同源，因事分姓，今可為源氏。」（**寅恪案：鮮卑禿髮部即拓拔部，一語異譯，故拓拔燾謂之同源也。**）
>
> 〔玄孫〕師仕齊為尚書左外兵郎中，又攝祠部。後屬孟夏，以龍見請雩。時高阿那肱為錄尚書事，謂為真龍出見，大驚喜，問龍所在，云作何顏色。師整容云：「此是龍星初見，依禮當雩祭郊壇，非謂真龍別有所降。」阿那肱忿然作色曰：「漢兒多事，強知星宿。祭事不行。」

夫源師乃鮮卑禿髮氏之後裔，明是胡人無疑，而高阿那肱竟目之爲漢兒，此爲北朝漢人、胡人之分別，不論其血統，只視其所受之教化爲漢抑爲胡而定之確證，誠可謂「有教無類」矣。

又此點爲治吾國中古史最要關鍵，若不明乎此，必致無謂之糾紛。《資治通鑑》壹柒壹陳宣帝太建五年，亦紀此事，《胡注》云：

諸源本出於鮮卑禿髮，高氏生長於鮮卑，自命為鮮卑，未嘗以為諱，鮮卑遂自謂貴種，率謂華人為漢兒，率侮詬之。諸源世仕魏朝貴顯，習知典禮，遂有雩祭之請，冀以取重，乃以取詬。《通鑑》詳書之，又一嘅也。

梅磵之說固是，又其言別有所感，然於北朝漢胡種族文化之問題似猶不免未達一間也。

李唐皇室者唐代三百年統治之中心也，自高祖、太宗創業至高宗統御之前期，其將相文武大臣大抵承西魏、北周及隋以來世業，即宇文泰「關中本位政策」下所結集團體之後裔也。自武曌主持中央政權之後，逐漸破壞傳統之「關中本位政策」，以遂其創業垂統之野心。故「關中本位政策」最主要之府兵制，即於此時開始崩潰，而社會階級亦在此際起一升降之變動。蓋進士之科雖創於隋代，然當日人民致身通顯之途徑並不必由此。及武后柄政，大崇文章之選，破格用人，於是進士之科爲全國上進者競趨之鵠的。當時山東、江左人民之中，有雖工於爲文，但以不預關中團體之故，致遭屏抑者，亦因此政治變革之際會，得以上升朝列，而西魏、北周、楊隋及唐初將相舊家之政權尊位遂不得不爲此新興階級所攘奪替代。故武周之代李唐，不僅爲政治之變遷，實亦社會之革命。若依此義言，則武周之代李唐較李唐之代楊隋其關係人群之演變，尤爲重大也。

武周統治時期不久，旋復爲唐，然其開始改變「關中本位政策」之趨勢，仍繼續進行。迄至唐玄宗之世，遂完全破壞無遺。而天寶安史亂後又別產生一新世局，與前此迥異矣。夫「關中本位政策」既不能維持，則統治之社會階級亦必有變遷。此變遷可分中央及藩鎮兩方敘述。其所以須有此空間之區別者，因唐代自安史亂後，名義上雖或保持其一統之外貌，實際上則中央政府與一部分之地方藩鎮，已截然劃爲二不同之區域，非僅政治軍事不能統一，即社會文化亦完全成爲互不關涉之集團，其統治階級氏族之不同類更無待言矣。蓋安史之霸業雖俱失敗，而其部將及所統之民衆依舊保持其勢力，與中央政府相抗，以迄於唐室之滅亡，約經一百五十年之久，雖號稱一朝，實成爲二國。史家述此，不得不分之爲二，其理由甚明也。

又《舊唐書·壹肆·憲宗紀上》（參考《通鑑》貳參柒元和二年此條《胡注》及《唐會要》陸參修撰條）云：

元和二年十二月己卯，史官李吉甫撰《元和國計簿》，總計天下方鎮凡四十八，管州府二百九十五，縣一千四百五十三，户二百四十四萬二百五十四，其鳳翔、鄜坊、邠寧、振

> 武、涇原、銀夏、靈鹽、河東、易定、魏博、鎮冀、范陽、滄景、淮西、淄青十五道凡七十一州，不申戶口。每歲賦入倚辦止於浙江東西、宣歙、淮南、江西、鄂岳、福建、湖南等八道，合四十九州，一百四十四萬戶。比量天寶供稅之戶則四分有一，天下兵戎仰給縣官者八十三萬，然人比量天寶士馬，則三分加一，率以兩戶資一兵，其他水旱所損，徵科發斂又在常役之外。吉甫都纂其事，成書十卷。

同書壹玖下〈僖宗紀〉略云：

> 光啓元年三月丁卯車駕〔自蜀〕至京師，時李昌符據鳳翔，王重榮據蒲陝，諸葛爽據河陽、洛陽，孟方立據邢洺，李克用據太原、上黨，朱全忠據汴滑，秦宗權據許蔡，時溥據徐泗，朱瑄據鄆齊、曹濮，王敬武據淄青，高駢據淮南八州，秦彥據宣歙，劉漢宏據浙東，皆自擅兵賦，迭相吞噬，朝廷不能制。江淮轉運路絕，兩河、江淮賦不上供，但歲時獻奉而已。國命所能制者，河西、山南、劍南、嶺南四道數十州。大約郡將自擅，常賦殆絕，藩侯廢置，不自朝廷，王業於是蕩然。

寅恪案：李吉甫所撰《元和國計總簿》雖在元和初年，然自安史亂後起，迄於唐亡，其所列中央政府財賦取辦之地域大致無甚殊異。唐代自安史亂後，長安政權之得以繼續維持，除文化勢力外，僅恃東南八道財賦之供給。至黃巢之亂既將此東南區域之經濟幾全加破壞，復斷絕汴路、運河之交通，而奉長安文化爲中心、仰東南財賦以存立之政治集團，遂不得不土崩瓦解。大唐帝國之形式及實質，均於是告終矣。

在此奉長安文化爲中心、恃東南財賦以存立集團之中，其統治階級爲此集團所占據地域內之二種人：一爲受高深文化之漢族，且多爲武則天專政以後所提拔之新興階級，所謂外廷之士大夫，大抵以文詞科舉進身者也；一爲受漢化不深之蠻夷，或蠻夷化之漢人，故其人多出自邊荒區域。凡自玄宗朝迄唐亡，一百五十年間身居內廷，實握政治及禁軍之權者皆屬此族，即閹寺之特殊階級是也。

自武則天專政破格用人後，外廷之顯貴多爲以文學特見拔擢之人。而玄宗御宇，開元爲極盛之世，其名臣大抵爲武后所獎用者（參考《舊唐書・壹參玖・陸贄傳》、《新唐書・壹伍貳・李絳傳》、《陸宣公奏議・柒・請許臺省長官舉薦狀》及《李相國論事集》等），及代宗大曆時，常袞當國，非以辭賦登科者莫得進用。自德宗以後，其宰相大抵皆由當日文章之士由翰林學士升任者也。請舉史實以證之：

《通典・壹伍・選舉典》參載沈既濟之言略云：

> 初國家自顯慶以來，高宗聖躬多不康，而武太后任事，參決大政，與天子並。太后頗涉文史，好雕蟲之藝，永隆中始以文章選士。及永淳之後太后君臨天下二十餘年，當時公卿百辟無不以文章達，因循日久寖以成風。至於開元、天寶之中，太平君子唯門調戶選，徵文射策，以取祿位，此行己立身之美者也。父教其子，兄教其弟，無所易業，大者登臺閣，小者任郡縣，資身奉家，各得其足，五尺童子恥不言文墨焉。其以進士為士林華選，四方觀聽希其風采，每歲得第之人不浹辰而周聞天下，故忠賢雋彥、韞才毓行者咸出於是。而桀姦無良者或有焉，故是非相陵，毀稱相騰，或扇結鉤黨，私為盟歃，以取科第，而聲名動天下，或鉤摭隱匿，嘲為篇詠，以列於道路，迭為談訾，無所不至焉。

據此，可知進士之科雖設於隋代，而其特見尊重，以爲全國人民出仕之唯一正途，實始於唐高宗之代，即武曌專政之時。及至玄宗，其局勢遂成凝定，迄於後代，因而不改。故科舉制之崇重與府兵制之破壞俱起於武后，成於玄宗。其時代之符合，決非偶然也。但以事關府兵制度，茲不具論（見拙著《隋唐制度淵源略論稿・兵制》章及《玉海・壹參捌・兵制・參》所引《鄴侯家傳》）。至王定保以爲進士之科「甲於貞觀」（《唐摭言・壹・述進士上》篇），及「進士科盛於貞觀永徽之際」（同書同卷〈散序進士〉條），則稽之史實，有所未合。其言不及沈氏之可信，無待論也。

《舊唐書・壹壹玖・常袞傳》云：

尤排擯非辭賦登科者。

同書同卷〈崔佑甫傳〉云：

常袞當國，非以辭賦登科者莫得進用。

同書肆參〈職官志〉翰林院條略云：

玄宗即位，張說、張九齡等召入禁中，謂之翰林待詔。四方進奏，中外表疏批答，或詔從中出，宸翰所揮，亦資其檢討，謂之視草。故嘗簡當代士人，以備顧問。至德已後，天下用兵。軍國多務，深謀密詔皆從中出，尤擇名士為翰林學士，得充選者，文士為榮。亦如中書舍人例置學士六人，內擇年深德重者一人為承旨，所以獨承密命故也。德宗好文，尤難其選，貞元已後為學士承旨者，多至宰相焉。

《元氏長慶集・伍壹・翰林承旨學士記》略云：

憲宗章武皇帝以永貞元年即大位，始命鄭公（鄭絪）為承旨學士，位在諸學士上。十七年間由鄭至杜（杜元穎）十一人，而九參大政。

《白氏長慶集・伍玖・李留守相公（李絳）見過池上泛舟舉酒話》及〈翰林舊事因成四韻以獻〉之詩（參考《容齋續筆》貳元和六學士條）云：

同時六學士，五相一漁翁。

據此，可知唐代自安史亂後，其宰相大抵爲以文學進身之人。此新興階級之崛起，乃武則天至唐玄宗七八十年間逐漸轉移消滅宇文泰以來胡漢六鎮民族舊統治階級之結果。若取《新唐書・宰相表》及〈宰相世系表〉與列傳所載其人之家世籍貫及出身等互相參證，於此三百年間外廷士大夫階級廢興轉移之大勢尤易明瞭也。至此由文學科舉進身之新興階級與魏晉、北朝以來傳統舊士族之關係，則於論黨派時詳述之，茲不涉及焉。

唐代自玄宗後，政柄及君權漸漸轉入閹寺之手，終至皇位之繼承權歸其決定，而內朝之禁軍外廷之宰相，俱供其指揮，由之進退，更無論矣。其詳當於中篇論政治革命及黨派分野時述之，茲僅略言其氏族所從出之一端於下：

《舊唐書・貳拾下・哀帝紀》云：

天佑二年六月丙申敕：福建每年進橄欖子，此因閹豎出自閩中，牽於嗜好之間，遂成貢奉之典。雖嘉忠藎，伏恐煩勞。今後只供進蠟面茶，其進橄欖子宜停！

《新唐書・貳佰柒・宦者傳吐突承璀傳》云：

是時諸道歲進閹兒，號私白，閩嶺最多，後皆任事，當時謂閩為中官區藪。咸通中杜宣猷為觀察使，每歲時遣吏致祭其先，時號「敕使墓戶」。宣猷卒用群宦力，徙宣歙觀察使。

顧況古詩（據《全唐詩》第拾函）云：

囝一章。

囝哀閩也。（原注：囝音蹇。閩俗呼子為囝。父為郎罷。）

囝生閩方。閩吏得之，乃絕其陽。為臧為獲，致金滿屋。為髡為鉗，視如草木。天道無知，我罹其毒。神道無知，彼受其福。郎罷別囝，吾悔生汝。及汝既生，人勸不舉。不從人言，果獲是苦。囝別郎罷，心摧血下。隔地及天，及至黃泉，不得在郎罷前。

宦寺多冒養父之姓，其籍貫史籍往往不載，然即就《兩唐書・宦官》及〈宦者傳〉中涉及其出生地域或姓氏稀異者觀之，亦可知其梗概也。

《舊唐書・壹捌肆・宦官傳》云：

楊思勗本姓蘇，羅州石城人，為內官楊氏所養，以閹從事內侍省。

高力士，潘州人，本姓馮，少閹，與同類金剛二人聖曆元年嶺南討擊使李千里進入宮。則天嘉其黠慧，令給事左右。後因小過，撻而逐之。內官高延福收為假子，延福出自武三思家，力士遂往來三思第，歲餘則天復召入禁中。

《新唐書・貳佰柒・宦者傳上》云：

魚朝恩，瀘州瀘川人也，天寶末以品官給事黃門。

劉貞亮本俱氏，名文珍，冒所養宦父姓，故改焉。

吐突承璀，閩人也，以黃門值東宮。

仇士良，循州興寧人，順宗時得侍東宮。

楊復光，閩人也，本喬氏，少養於內侍楊玄价。

同書貳佰捌〈宦者傳下〉云：

田令孜，蜀人也，本陳氏，咸通時歷小馬坊使。

據此，可知唐代閹寺多出自今之四川、廣東、福建等省，在當時皆邊徼蠻夷區域。其地下級人民所受漢化自甚淺薄，而宦官之姓氏又有不類漢姓者，故唐代閹寺中疑多是蠻族或蠻夷化之漢人也。唐代中國疆土之內，自安史亂後，除擁護李氏皇室之區域，即以東南財富及漢化文化維持長安為中心之集團外，尚別有一河北藩鎮獨立之團體，其政治、軍事、財政等與長安中央政府實際上固無隸屬之關係，其民間社會亦未深受漢族文化之影響，即不以長安、洛陽之周孔名教及科舉仕進為其安身立命之歸宿。故論唐代河北藩鎮問題必於民族及文化二端注意，方能得其眞相所在也。茲先舉二三顯著之例，以見當時大唐帝國版圖以內實有截然不同之二分域，然後再推論其種族與統治階級之關係焉。

杜牧《樊川集·玖·唐故范陽盧秀才墓誌》云：

秀才盧生名霈，字子中，自天寶後三代或仕燕，或仕趙，兩地皆多良田畜馬，生年二十未知古有人曰周公、孔夫子者，擊毬飲酒，馬射走兔，語言習尚無非攻守戰鬥之事。

《通典·肆拾·職官典》末載杜佑建中時所上省用議略云：

今田悦之徒並是庸瓌，繁刑暴賦，唯恤軍戎，衣冠仕（士）人遇如奴虜。

此可以代表河北社會通常情態，其尚攻戰而不崇文教。質言之，即漸染胡化深而漢化淺也。當時漢化之中心在長安，以詩賦舉進士致身卿相爲社會心理群趨之鵠的。故當日在長安文化區域內有野心而不得意之人，至不得已時惟有北走河朔之一途。《昌黎集·貳拾·送董召南游河北序》乃世所習誦之文，茲爲闡明長安集團與河北集團政治文化對立之形勢起見，仍迻寫之於下，並略詮釋，以佐證鄙說。至韓退之不以董召南河北之行爲然之意固極明顯，不待解說也。其文云：

燕趙古稱多感慨悲歌之士。董生舉進士，連不得志於有司，懷抱利器，鬱鬱適茲土，吾知其必有合也。董生勉乎哉！

據此，可知在長安文化統治下之士人，若舉進士不中，而欲致身功名之會者，捨北走河朔之外，則不易覓其他之途徑也。

其文又云：

夫以子之不遇時，苟慕義強仁者皆愛惜焉，矧燕趙之士出乎其性哉！然吾嘗聞風俗與化移易，吾惡知其今不異於古所云邪？聊以吾子之行卜之也，董生勉乎哉！

據前引杜牧之〈范陽盧秀才墓誌〉「語言習尚無非攻守戰鬥」之名及此序「風俗與化移易」之語，可知當日河北社會全是胡化，非復東漢、魏晉、北朝之舊。若究其所以然之故，恐不於民族遷移一事求之不得也，請俟後論之。

其文又云：

吾因子有所感矣，為我弔望諸君之墓！而觀於其市，復有昔時屠狗者乎？為我謝曰：「明天子在上，可以出而仕矣！」

然則長安天子與河北鎮將爲對立不同之二集團首領，觀此數語，即可知矣。

又《全唐詩・第拾函・李益小傳》（參《舊唐書》參柒《新唐書》貳佰參〈文藝傳下・李益傳〉、《唐詩紀事》參拾、《全唐詩話》貳等）云：

李益字君虞，姑臧人，大曆四年登進士第，授鄭縣尉，久不調，益不得意。北遊河朔，幽州劉濟辟為從事。嘗與濟詩，有怨望語。憲宗時召為祕書少監集賢殿學士，自負才地，多所淩忽，為眾不容。諫官舉幽州詩句，降居散秩。

考益之〈獻劉濟詩〉云：

草綠古幽州，鶯聲引獨遊。雁歸天北畔，春盡海西頭。向日花偏落，馳年水不流。感恩知有地，不上望京樓。

據此，又可知雖已登進士第之李益以不得意之故猶去京洛，而北走范陽；則董召南之遊河北蓋是當日社會之常情，而非變態。然於此益見大唐帝國之後半期其中含有兩獨立敵視之團體，而此二團體之統治階級，其種族文化亦宜有不同之點在也。

今試檢《新唐書》之〈藩鎮傳〉，並取其他有關諸傳之人其活動範圍在河朔或河朔以外者以相參考，則發見二點：一爲其人之氏族本是胡類，而非漢族；一爲其人之氏族雖爲漢族，而久居河朔，漸染胡化，與胡人不異。前者屬於種族，後者屬於文化。質言之，唐代安史亂後之世局，凡河朔及其他藩鎮與中央政府之問題，其核心實屬種族文化之關係也。夫河北之地，東漢、曹魏、西晉時固爲文化甚高區域，雖經胡族之亂，然北魏至隋其地之漢化仍未見甚衰減之相，何以至玄宗文治燦爛之世，轉變爲一胡化地域？其故殊不易解。茲就安史叛亂發源之地域及其時代先後之關係綜合推計，設一假說，以俟更詳確之證明。即使此假說一時難以確定成立，但安史叛亂及其後果即河朔藩鎮之本質，至少亦可因此明瞭也。

當玄宗文治武功極盛之世，漁陽鼙鼓一鳴，而兩京不守。安祿山之霸業雖不成，然其部將始終割據河朔，與中央政府抗衡，唐室亦從此不振，以至覆亡。古今論此役者止歸咎於天寶政治宮廷之腐敗，是固然矣；獨未注意安史之徒乃自成一系統最善戰之民族，在當日軍事上本來無與爲敵者也。考安祿山之種族在其同時人之著述及專紀其事之書中，均稱爲柘羯或羯胡，如：

《舊唐書・拾・肅宗紀》云：

是日（天寶十五載七月甲子）御靈武南門，下制曰：「乃者羯胡亂常，京闕失守。」（《舊唐書・壹貳拾・郭子儀傳》載建中二年德宗褒卹之詔有「羯胡作禍」，《新唐書・壹玖貳・忠義傳・張巡傳》亦有「柘羯千騎」之語，至杜甫〈喜官軍已臨賊境二十韻詩〉所謂「柘羯渡臨淮」之柘羯，雖非指安祿山，但亦可為旁證參考也。）

又同書壹佰肆〈封常清傳〉略云：

先鋒至葵園，常清使驍騎與柘羯逆戰，殺賊數十百人。臨終時表曰：「昨者與羯胡接戰。」

又《顏魯公集・陸・康金吾碑目安祿山爲羯胡，姚汝能安祿山事跡》一書亦多羯胡之語，若杜工部詠懷古蹟之詩其「羯胡事主終無賴」之句，則不僅用梁侯景之古典（如《梁書・伍伍・武陵王紀傳》云：「羯胡叛渙」，即是一例），實兼取今事人之於詩也。

考玄奘《西域記》壹颯秣建國（即康國）條云：

兵馬強盛，多是赭羯之人，其性勇烈，視死如歸。

《新唐書・貳貳壹下・西域傳・康國傳》云：

本月氏人，始居祁連北昭武城，為突厥（寅恪案：突厥應作匈奴，《唐會要》玖玖康國條云：「其人土著役屬於突厥，先居祁連之北昭武城，爲匈奴所破。」宋子京蓋涉上文突厥之語致誤也）所破，稍南依葱嶺，即有其地，枝庶分王：曰安，曰曹，曰石，曰米，曰何，曰火尋，曰戊地，曰史，世謂九姓，皆氏昭武。

又同書同卷〈安國傳〉云：

募勇健者為柘羯，柘羯猶中國言戰士也（寅恪案：上引《西域記》之文有「赭羯之人」一語，然則赭羯乃種族之名，此云「猶中國言戰士」，若非宋景文誤會，即後來由專名引申爲公名耳）。

又同書同卷〈石國傳〉云：

石或曰柘支，曰柘折，曰赭時。

據此，可知赭羯即柘羯之異譯，凡康安石等中亞月氏種人，皆以勇健善戰著聞者也。

《舊唐書・貳佰上・安祿山傳》云：

安祿山，營州柳城雜種胡人也。

《舊唐書》所謂雜種胡之確切界說尚待詳考，但《新唐書・貳貳伍上・逆臣傳・安祿山傳》云：

安祿山，營州柳城胡也，本姓康，母阿史德，少孤，隨母嫁安延偃，乃冒姓安，通六蕃語，為互市郎。

寅恪案：《安祿山事跡》上引郭子儀〈雪安思順疏〉，謂安祿山本姓康。今敦煌寫本天寶丁籍亦有康、安、石等姓以羯爲稱者（見《歷史與地理雜誌・第叄叄編第肆卷・天寶十載丁籍》及同書第肆壹編第肆卷〈天寶四載丁籍〉），故安祿山父系之爲羯胡，即中亞月氏種可無疑矣。至史思明之種族則《新唐書・貳貳伍上・逆臣傳・史思明傳》云：

史思明，寧夷州突厥種，與安祿山共鄉里，通六蕃譯，亦為互市郎。

疑史思明非出中亞胡種者。然《舊唐書・貳佰・安祿山傳》云：

安祿山，營州柳城雜種胡人也。（前已引，茲為論述便利起見，特重及之。）

同書同卷〈史思明傳〉云：

史思明，寧夷州突厥雜種胡人也。

又《舊唐書・壹佰肆・哥舒翰傳》（《新唐書・壹參伍・哥舒翰傳》同）略云：

哥舒翰，突騎施首領哥舒部落之裔也。翰母尉遲氏，于闐之族也。〔安祿山〕謂翰曰：「我父是胡，母是突厥，公父是突厥，母是胡，與公族類同，何不相親乎？」

據此類史料，初視之，似當時所謂雜種胡人者即指混合血統胡族，如哥舒翰等之例。但更詳考史傳，則知當時雜種胡人之稱實逕指昭武九姓月支種而言，如《新唐書・貳壹柒上・回鶻傳》（參《通鑑》貳貳陸建中元年八月甲午張光晟殺突董條）云：

始回紇至中國，常參以九姓胡，往往留京師，至千人，居貲置產甚厚。酋長突董翳蜜施、大小梅錄等還國，裝橐係道。

所言與《舊唐書・壹貳柒・張光晟傳》云：

建中元年回紇突董、梅錄領眾並雜種胡等自京師還國，輿載金帛相屬於道。

者同是一事，而舊傳之所謂雜種胡即九姓胡，可為確證。然則《舊唐書》之稱安祿山為雜種胡人者，實指其九姓胡而言，又其目史思明為突厥雜種胡人者，殆以其父系為突厥，而母系為羯胡，故曰「突厥雜種胡人」也。觀於史思明與安祿山俱以通六蕃語為互市郎，正是具有中亞胡種血統之特徵。至其以史為姓者，蓋從父系突厥姓阿史德或阿史那之省稱，不必為母系昭武九姓之史也。

又考安史生長之地即營州，在開元之初已多中亞賈胡，如《舊唐書・壹捌伍下・良吏傳・宋慶禮傳》（《新唐書・壹參拾・宋慶禮傳》同）略云：

> 初營州都督府置在柳城，控帶奚、契丹，則天時都督趙文翽政理乖方，兩蕃反叛，攻陷州城，其後移於幽州東二百里漁陽城安置。開元五年奚、契丹各款塞歸附，玄宗欲復營州於舊城，乃詔慶禮等更於柳城築營州城，俄拜慶禮御史中丞兼檢校營州都督，開屯田八十餘所，追拔幽州及漁陽、淄青等户，招輯商胡，為立店肆。

此必其時營州區域之內或其近傍頗有西域賈胡，慶禮始能招輯之也。故營州一地在開元以前已多中亞胡人，可知之矣。

更試一檢《新唐書・安祿山傳》（參考《安祿山事跡》），如言：

> 潛遣賈胡行諸道，歲輸百萬。

及

> 凡降蕃夷皆接以恩，祿山通夷語，躬自尉撫，皆釋俘囚為戰士，故其下樂輸死，所戰無前。

等，則安祿山利用其中亞胡種商業語言特長之例證也。又如言：

養同羅降契丹曳落河八千人為假子。

及

祿山已得〔阿〕布思之眾，則兵雄天下。

則安祿山利用其混合血統胡人之資格，籠絡諸不同善戰胡族，以增強其武力之例證也。故據《新唐書·壹壹捌·韋湊傳附見素傳》云：

明年（天寶十四載），祿山表請蕃將三十二人代漢將，帝許之。見素不悅，謂〔楊〕國忠曰：「祿山反狀暴天下，今又以蕃代漢，難將作矣。」未幾，祿山反。

可知祿山之舉兵與胡漢種族武力問題有關也。至《舊唐書·壹佰陸·李林甫傳》（《新唐書・貳貳參上・奸臣傳・李林甫傳》同，又《大唐新語・壹壹・懲戒》篇及〈諛佞〉篇尤可參校）云：

> 國家武德、貞觀已來，蕃將如阿史那社爾、契苾何力忠孝有才略，亦不專委大將之任，多以重臣領使以制之。開元中，張嘉貞、王晙、張說、蕭嵩、杜暹皆以節度使入知政事。林甫固位，志欲杜出將入相之源，嘗奏曰：「文士為將怯當矢石，不如用寒族蕃人。蕃人善戰有勇，寒族即無黨援。」帝（玄宗）以為然，乃用〔安〕思順代林甫領〔朔方節度〕使。自是高仙芝、哥舒翰皆專任大將，林甫利其不識文字，無入相由。然而祿山竟為亂階，由專得大將之任故也。

其寒族蕃人一語涉及唐代統治階級全部，俟後論之。然安史叛亂之關鍵，實在將領之種族，則可與《新唐書・韋見素》一傳互相證發也。

又《舊唐書・壹玖玖上・東夷傳・高麗傳》（《新唐書・壹佰拾・泉男生傳附獻誠傳》同）云：

> 〔泉〕獻誠授右衛大將軍，兼令羽林衛上下。天授中，則天嘗內出金銀寶物，令宰相及南北

衛文武官內擇善射者五人共賭之。內史張光輔先讓獻誠為第一，獻誠復讓右玉鈐衛大將軍薛土摩支，摩支又讓獻誠。既而獻誠奏曰：「陛下令簡能射者五人，所得者多非漢官。臣恐自此已後，無漢官工射之名。伏望停寢此射。」則天嘉而從之。

寅恪案：泉獻誠、薛土摩支皆蕃將也。武則天時，蕃將之武藝已遠勝於漢人，於此可見。《鄴侯家傳》言府兵制之破壞實始於則天時，此亦一旁證。蓋宇文泰所鳩合之六鎮關隴胡漢混合集團至武曌時已開始崩潰，不待玄宗朝，而漢將即此混合集團之首領，其不如蕃將之善戰已如此矣。至泉獻誠為蓋蘇文之孫，男生之子，亡國敗降之餘裔，其武伎精妙猶稱當時第一，則高麗之能屢抗隋唐全盛之日傾國之師，豈無故哉！豈無故哉！

復次，《新唐書・壹貳柒・張嘉貞附弘靖傳》（《舊唐書・壹貳玖・張延賞傳附弘靖傳》同，但無「俗謂祿山、思明爲二聖」之語）略云：

充盧龍節度使，始入幽州，俗謂祿山、思明為二聖。弘靖懲始亂，欲變其俗，乃發墓毀棺，衆滋不悦。幽薊初效順，不能因俗制變，故范陽復亂。

寅恪案：聖人者唐俗稱天子之語。如《通鑑》貳貳貳上元二年三月條（《舊唐書》貳佰上《新唐書》貳貳伍上〈史思明傳附朝義傳〉略同）略云：

〔史〕朝義泣曰：「諸君善為之，勿驚聖人！」（寅恪案：此聖人指思明言。）

《胡注》云：

當時臣子謂其君父為聖人。

蓋安史俱稱帝，故在其統治之下者率以聖人稱之，自無足異。所可注意者，穆宗長慶初上距安史稱帝時代已六七十年，河朔之地，祿山、思明猶存此尊號，中央政府官吏以不能遵循舊俗，而致變叛，則安史勢力在河朔之深且久，於此可見。茲節錄《兩唐書》所載安史同時並後來河朔及其他藩鎮胡化事跡於下，其種族、文化二者之關係不待解釋，自然明瞭。至其人前後逆順賢否雖各有不同，但非此篇所論範圍，故不置言也。

其血統確有胡族分子者，如《舊唐書・貳佰上・安祿山傳附孫孝哲傳》（《新唐書・貳伍上・逆臣傳》同）云：

孫孝哲，契丹人也。

《新唐書・貳佰拾・藩鎮魏博・史憲誠傳》（《舊唐書・壹捌壹・史憲誠傳》同）云：

史憲誠，其先奚也，內徙靈武，為建康人，三世署魏博將。

同書貳壹壹〈藩鎮鎮冀・李寶臣傳〉（《舊唐書・壹肆貳・李寶臣傳》同）云：

李寶臣本范陽內屬奚也，善騎射，范陽將張鎖高畜為假子，故冒其姓，名忠志，為盧龍府果毅。

同書同卷〈王武俊傳〉（《舊唐書・壹肆貳・王武俊傳》同）云：

王武俊本出契丹怒皆部，父路俱，開元中與饒樂府都督李詩等五千帳求襲冠帶。入居薊。年十五，善騎射，與張孝忠齊名，隸李寶臣帳下為裨將。

同書同卷〈王廷湊傳〉（《舊唐書・壹肆捌・王廷湊傳》同）云：

王廷湊本回紇阿布思之族，隸安東都護府，曾祖五哥之，為李寶臣帳下，驍果善鬥，王武俊養為子，故冒姓王，世為裨將。

同書貳壹貳〈藩鎮盧龍・李懷仙傳〉（《舊唐書・壹肆參・李懷仙傳》同）云：

李懷仙，柳城胡也，世事契丹，守營州，善騎射，智數敏給，祿山之反，以為裨將。

同書同卷〈李茂勳傳〉（《舊唐書・壹捌拾・李可舉傳》同）云：

李茂勳本回紇阿布思之裔，張仲武時與其侯王皆降，資沈勇善馳射，仲武器之，任以將兵，常乘邊，積功賜姓及名。

同書貳壹參〈藩鎮淄青・李正己傳〉（《舊唐書・壹貳肆・李正己傳》同）云：

李正己，高麗人，為營州副將，從侯希逸入青州，希逸母即其姑。

同書壹肆肆〈侯希逸傳〉（《舊唐書・壹貳肆・侯希逸傳》同）云：

侯希逸，營州人，天寶末為州裨將，守保定城。祿山反，以徐歸道為節度使，希逸率兵與安東都護王玄志斬之，詔拜玄志平盧節度使。玄志卒，共推希逸，有詔就拜節度使。與賊確，數有功，然孤軍無援，又為奚侵略，乃拔其軍二萬，浮海入青州，據之，平盧遂陷，肅宗因以希逸為平盧、淄青節度使。自是淄青常以平盧冠使。

據上引〈李正己傳〉，知侯希逸至少其母系出自高麗，雖其初不從安祿山之命，然其種族固含有胡人血脈，其部下兵衆亦是胡化集團。是以自李正己襲奪其業後，淄青一鎮亦與河朔同風，遂爲唐代中央政府之鉅患。推求其故，實由其統治者本從河朔胡化集團中分出者也。

《新唐書・壹肆捌・張孝忠傳》（《舊唐書・壹肆壹・張孝忠傳》同）云：

張孝忠本奚種，世為乙失活酋長。父謐，開元中提衆納款。孝忠始名阿勞，以勇聞。燕趙間

> 共推張阿勞、王沒諾干二人齊名。沒諾干，王武俊也，天寶末以善射供奉仗內，安祿山奏為偏將。祿山、史思明陷河洛，常為賊前鋒；朝義敗，乃自歸。

同書貳貳肆上〈叛臣傳·李懷光傳〉（《舊唐書·壹貳壹·李懷光傳》同）云：

> 李懷光，渤海靺鞨人，本姓茹，父常，徙幽州，為朔方部將，以戰多賜姓，更名嘉慶。懷光在軍以積勞為都虞候，節度使郭子儀以紀綱委懷光。

寅恪案：李懷光乃朔方軍將，屬於別一系統不在河朔範圍，然以其先嘗居幽州，故亦附及之。至唐室中興元勛李光弼，則《新唐書》壹參陸其本傳（《舊唐書·壹壹拾·李光弼傳》略同）云：

> 李光弼，營州柳城人，父楷洛以武后時入朝。

是亦出於東北胡族，且與安祿山同鄉里，不過政治中適立於相反之地位耳。

以上諸人皆確爲胡族無復疑義。又有實爲漢人，或雖號漢族，而帶胡種嫌疑未能決定者，茲並列之於下。其要點在無論實爲漢人或有胡族之嫌疑，其人必家世或本身居住河朔，久已胡化，故亦與胡人無異者也。如《新唐書・貳壹拾・藩鎮魏博傳》（《舊唐書・壹肆壹・田承嗣傳》同）云：

田承嗣，平州盧龍人也，世事盧龍軍，以豪俠聞，隸安祿山麾下。

《舊唐書・壹肆壹・田弘正傳》（《新唐書・壹肆捌・田弘正傳》同）略云：

田弘正祖延惲，魏博節度使承嗣之季父也。弘正善騎射，為衙內兵馬使，既受節鉞，上表曰：「臣家本邊塞，累代唐人，驅馳戎馬之鄉，不睹朝廷之禮，伏自天寶已還，幽陵肇亂，山東奧壤，悉化戎墟，宮封代襲，刑賞自專。」

《新唐書・貳壹拾・藩鎮魏博・何進滔傳》（《舊唐書・壹捌壹・何進滔傳》同）云：

何進滔，靈武人，世為本軍校，少客魏，委質軍中。

寅恪案：前引《新唐書・西域傳》，昭武九姓中有何姓，何進滔又從靈武徙居於魏，故疑其先世是羯胡，其本身又居魏，而當時魏地亦胡化區域也。

《舊唐書・壹捌壹・韓允忠傳》（《新唐書・貳壹拾・藩鎮魏博・韓君雄傳》同）云：

韓允忠，魏州人也，父國昌，歷本州右職。

同書同卷〈樂彥禎傳〉（《新唐書・貳壹拾・藩鎮魏博・樂彥楨傳》同）云：

樂彥禎，魏州人也，父少寂，歷澶、博、貝三州刺史。

同書同卷〈羅弘信傳〉（《新唐書・貳壹拾・藩鎮魏博・羅弘信傳》同）云：

羅弘信，魏州貴鄉人，曾祖秀，祖珍，父讓，皆為本州軍校。

據《北夢瑣言》伍中外蕃人事條，羅亦胡姓，然則羅弘信不獨世居胡化之地，且有本出胡族之嫌疑矣。

《新唐書・貳貳伍中・逆臣傳・朱泚傳》（《舊唐書・貳佰下・朱泚傳》同）云：

朱泚，幽州昌平人，父懷珪事安史二賊。

《舊唐書・壹肆參・朱滔傳》（《新唐書・貳壹貳・藩鎮盧龍・朱滔傳》同）云：

朱滔，賊泚之弟也。

《新唐書・貳壹貳・藩鎮盧龍・朱克融傳》（《舊唐書・壹捌拾・朱克融傳》同）云：

朱克融，滔孫也。

《舊唐書・壹肆參・劉怦傳》（《新唐書・貳壹貳・藩鎮盧龍・劉怦傳》同）云：

劉怦，幽州昌平人也，父貢嘗為廣邊大斗軍使，怦即朱滔姑之子。

《新唐書・貳壹貳・藩鎮盧龍・李載義傳》（《舊唐書・壹捌拾・李載義傳》同）云：

李載義自稱恆山愍王之後，性矜蕩，好與豪傑遊，力挽強搏鬥，劉濟在幽州高其能，引補帳下。

寅恪案：李載義之稱承乾後裔，固出依託，即使其眞出自承乾，亦與河朔諸漢將同爲胡化之漢人也。

《新唐書・貳壹貳・藩鎮盧龍・楊志誠傳》（《舊唐書・壹捌拾・楊志誠傳》同）云：

〔楊〕志誠者事〔李〕載義為牙將，載義走，因自為都兵馬使，〔大和〕八年為下所逐，推部將史元忠總留後。

寅恪案：楊志誠、史元忠之氏族史傳不詳，無以確言，但俱爲胡化之人，則無可疑者。突厥阿史那氏、阿史德氏皆渻作史氏，中亞昭武九姓中有史氏，史憲誠本奚族，亦姓史氏（見前引《兩唐書・史憲誠傳》），故史元忠殊有源出胡族之嫌疑也。

《新唐書・貳壹貳・藩鎮盧龍・張仲武傳》（《舊唐書・壹捌拾・張仲武傳》同）云：

張仲武，范陽人，通《左氏春秋》，會昌初為雄武軍使。〔陳〕行泰殺〔史〕元忠，而仲武遣其屬吳仲舒入朝，請以本軍擊回鶻。〔李〕德裕因問北方事，仲舒曰：「行泰（及殺行泰之張）絳皆遊客，人心不附；仲武舊將張光朝子，年五十餘，通書習戎事，性忠義，願歸款朝廷舊矣。」德裕入白帝，擢兵馬留後，絳為軍中所逐。

寅恪案：陳行泰、張絳始末不詳，可不置論。張仲武受漢化較深，在河朔頗爲例外，然跡其所以得軍心者，以本爲范陽土著，且家世舊將，而陳行泰、張絳俱是遊客，故不能與之爭，然非李文饒之策略，仲武亦未必遽得爲鎮將也。

《新唐書・貳壹貳・藩鎮盧龍・張允伸傳》（《舊唐書・壹捌拾・張公素傳》同）云：

張允伸，范陽人，世為軍校。

同書同卷〈張公素傳〉（《舊唐書・壹捌拾・張公素傳》同）云：

公素，范陽人，以列將事〔張〕允伸。

同書同卷〈李全忠傳〉（《舊唐書・壹捌拾・李全忠傳》同）云：

李全忠，范陽人，仕為棣州司馬，罷歸，事〔李〕可舉為牙將，可舉死，眾推為留後。

同書同卷〈劉仁恭傳〉云：

劉仁恭，深州人，父晟客范陽，為李可舉新興鎮將，故仁恭事軍中。

《舊唐書》壹捌拾朱克融等傳末略云：

史臣曰：彼幽州者，其民剛強，近則染祿山、思明之風，二（？）百餘年自相崇樹，雖朝廷有時命帥，而土人多務逐君，習苦忘非，尾大不掉，非一朝一夕之故也。

《新唐書・貳壹參・藩鎮橫海・程日華傳》（《舊唐書・壹肆參・程日華傳》同）云：

程日華，定州安喜人，父元皓為安祿山帳下，偽署定州刺史，故日華籍本軍，為張孝忠牙將。

同書同卷〈李全略傳〉（《舊唐書・壹肆參・李全略傳》同）云：

李全略事〔鎮州〕王武俊為偏裨。

同書貳壹肆〈藩鎮彰義・吳少誠傳〉（《舊唐書・壹肆伍・吳少誠傳》同）云：

吳少誠，幽州潞人（父為魏博節度虞候）。

同書同卷〈吳少陽傳〉（《舊唐書・壹肆伍・吳少陽傳》同）云：

少陽者，與〔吳〕少誠同在魏博軍，相友善，少誠得淮西，多出金帛邀之，養以為弟，署右職，親近無間。

同書同卷〈藩鎮澤潞・劉悟傳〉（《舊唐書・壹陸壹・劉悟傳》同）云：

劉悟其祖正臣，平盧軍節度使，襲范陽，不克，死。

寅恪案：《舊唐書・壹肆伍・劉全諒傳》（《新唐書・壹伍壹・董晉傳附陸長源傳》同）略云：

父客奴由征行家於幽州之昌平，少有武藝，從平盧軍，（天寶）十五載四月授客奴平盧軍使，仍賜名正臣，襲范陽，為逆賊將史思明等大敗之，正臣奔歸，為王玄志所鴆而卒。

據此，知劉氏亦家於幽州昌平，漸染胡化者也。

《舊唐書・壹貳貳・張獻誠傳》（《新唐書・壹參參・張守珪傳附獻誠傳》同）云：

張獻誠，陝州平陸人，幽州大都督府長史守珪之子也，天寶末陷逆賊安祿山，受偽官，連陷史思明，為思明守汴州，統逆兵數萬。

同書壹貳肆〈薛嵩傳〉（《新唐書・壹壹壹・薛仁貴傳附嵩傳》同）云：

薛嵩，絳州萬泉人，祖仁貴，高宗朝名將，封平陽郡公，父楚玉，為范陽平盧節度使。嵩有膂力，善騎射，不知書，自天下兵起，束身戎伍，委質逆徒。

寅恪案：張獻誠、薛嵩雖俱大臣子孫，又非河朔土著，然以其父官范陽之故，少居其地，漸染胡化，況與田承嗣之徒無別。甚哉風俗之移人若是，而河朔當日社會文化情狀，亦可想見矣。

《舊唐書・壹貳肆・令狐彰傳》（《新唐書・壹肆捌・令狐彰傳》同）云：

令狐彰，京兆富平人也，父濞，初任范陽縣尉，通幽州人女，生彰，及秩滿，留彰於母氏，彰遂少長范陽，善弓矢，乃策名從軍。事安祿山。

同書同卷〈田神功傳〉（《新唐書・壹肆捌・田神功傳》同）云：

田神功，冀州人也，家本微賤，天寶末為縣里胥，會河朔兵興，從事幽薊。

《新唐書・壹肆捌・康日知傳》云：

康日知，靈州人，祖植，當開元時縛康待賓，平六胡州，日知少事李惟岳，累擢趙州刺史。

寅恪案：以康日知姓氏及籍貫言之，當亦中亞胡種也。

《新唐書・壹肆捌・牛元翼傳》云：

牛元翼，趙州人，王承宗時，與傅良弼冠諸將。良弼清河人，以射冠軍中。

《舊唐書・壹肆伍・李忠臣傳》（《新唐書・貳貳肆下・叛臣傳・李忠臣傳》同）云：

李忠臣本姓董，名秦，平盧人也，世家於幽州薊縣。忠臣少從軍，事幽州節度使薛楚玉、張守珪、安祿山等。

同書同卷〈李希烈傳〉（《新唐書・貳貳伍中・逆臣傳・李希烈傳》同）云：

李希烈，遼西人，少從平盧軍，後從李忠臣浮海至河南。

綜上所引諸人氏族或確是漢人，或有胡種嫌疑，或爲唐室大臣子孫，或出微賤之族，其於中央政府或忠或叛，復有先後順逆等之互異。要而言之，家世或本身曾留居河朔及長於騎射二事則大抵相類，斯實河朔地域之胡化演變所致者也。《新唐書・壹肆捌・史孝章傳》載其諫父憲誠之言曰：

天下指河朔若夷狄然。

又同書貳壹拾〈藩鎮傳序〉云：

遂使其人由羌狄然，訖唐亡百餘年率不為王土。

故不待五代之亂，神州東北一隅如田弘正所謂「悉化戎墟」矣（見上引〈田弘正傳〉）。尤可異者，即在李唐最盛之時即玄宗之世，東漢、魏晉、北朝文化最高之河朔地域，其胡化亦已開始，此點自昔史家尠有解釋，茲試作一假說，以待將來之確證，然私心殊未敢自信也。

依據上列史料，知神州東北一隅河朔地域之內，其人民血統屬於漢種者，既若是之胡化，則其地必有胡族之遷徙無疑。凡居東北與河朔有關之胡族如高麗、東突厥（《唐會要》、《舊唐書》俱謂之北突厥，蓋舊稱如此）、回紇、奚、契丹之類移居於與其部落鄰近之地，如河朔區域，自有可能，而於事理亦易可通者也。獨中國東北隅河朔之地而有多數之中亞胡人，甚爲難解。若彼輩遠自西北萬里之外短期之內忽遷移至東北端濱海之區，恐不可能。姑就舊史所載者考之，似有三因：其遠因爲隋季之喪亂，其中因爲東突厥之敗亡，其近因或主因爲東突厥之復興。所謂隋季之喪亂者，即《舊唐書·玖參·唐休璟傳》（《新唐書·壹壹壹·唐休璟傳》略同）略云：

> 授營州户曹。調露中單于突厥背叛，誘扇奚、契丹侵略州縣，後奚、羯胡又與桑乾突厥同反，都督周道務遣休璟將兵擊破之，超拜豐州司馬，永淳中朝議欲罷豐州，休璟上疏曰：「豐州自秦漢已來，列為郡縣，隋季喪亂，不能堅守，乃遷徙百姓就寧慶二州，致使戎羯交侵，乃以靈夏為邊界。貞觀之末始募人以實之，西北一隅方得寧謐。」

寅恪案：中亞羯胡必經由中國西北，而漸至東北。在隋末中國擾亂之世最爲中亞胡人逐漸轉徙之良機會，《兩唐書·唐休璟傳》或可於此事略露消息也。惟《新唐書·唐休璟傳》及《通鑑》貳佰貳調露元年十月條俱無「奚、羯胡與桑乾突厥同反」之語，又《新唐書·唐休璟傳》雖亦作「戎羯交侵」，而《通鑑》貳佰參弘道元年五月條改「戎羯」爲「胡虜」，固以「戎羯」爲泛稱（見《後漢書・肆捌・吳蓋陳臧傳》論章懷太子注），然於此恐不免疏誤也。然則謂露前後中國東北部已有不少羯胡，而羯胡之遷徙實由隋季侵入西北，輾轉移來，此於事實頗爲合理者也。所謂東突厥之敗亡者，即戈本《貞觀政要・玖・安邊》篇略云：

自突厥頡利破後，諸部落首領來降者皆拜將軍中郎將，布列朝廷，五品已上百餘人，殆與朝士相半。唯拓拔不至，又遣使招慰之，使者相望於道。涼州都督李大亮以為於事無益，徒費中國，上疏云云，太宗不納。

寅恪案：《通典・壹玖柒・邊防典・突厥傳》上與此同，蓋皆源出《太宗實錄》也。惟無「太宗不納」之句，當是杜氏略去。又「拓拔」作「柘羯」，尚未經後人誤改。《舊唐書》陸貳及《新唐書》玖玖〈李大亮傳〉紀此事，俱只舉酋長之名，而《通鑑》壹玖參貞觀四年秋七月條則不著酋長之名，而以「西突厥」一語概括之，蓋柘羯一種原在西突厥範圍內也。又《兩唐書・大亮傳》俱言太宗從大亮之請，與《貞觀政要》不合，鄙意《吳書》似得其實，而《兩唐書・大亮傳》乃後來修飾之詞，故君卿於此闕疑耶？然則東突厥之敗亡，必有少數柘羯因之東徙者矣。所謂東突厥之復興者，即綜考上引史料，諸胡人入居河朔或歸降中國之時代大抵在武則天及唐玄宗開元之世。而此三十年間中國東北方胡族之活動其最有關大局者，莫過於東突厥之復興，即骨咄祿、默啜兄弟武力之開拓遠及中亞，竟取西突厥帝國之領部置於其管制下之事實也。關於東突厥自頡利於貞觀時破滅後至骨咄祿而復興之始末，非此所能詳及，茲惟就《兩唐書》所載東突厥復興與西突厥關係之史料略引一二，以供推證焉。

《舊唐書・壹玖肆上・北突厥傳》（《新唐書・貳壹伍上・突厥傳》同）略云：

骨咄祿，頡利之疏屬，自立為可汗，以其弟默啜為殺，骨咄祿天授中病卒。

骨咄祿死時子尚幼，默啜遂篡其位，自立為可汗。

默啜立其弟咄悉匐為左廂察，骨咄祿子默矩為右廂察，各主兵馬二萬餘人，又立其子匐俱為小可汗，仍主處木昆等十姓（**寅恪案：《舊唐書・壹玖肆下・西突厥傳》云：「其國分爲十部，每部仍令一人統之，號爲十設，每設賜以一箭，故稱十箭焉。又分十箭爲左右廂，其左廂號爲五咄陸，其右廂號爲五弩失畢。五咄陸部落居於碎葉巳東，五弩失畢部落居於碎葉巳西，自是都號爲十姓部落。其咄陸有五啜，一曰處木昆啜云云。」**）兵馬四萬餘人，又號為拓西可汗。

初默啜景雲中率兵西擊娑葛，破滅之。契丹及奚自神功之後常受其徵役，其地東西萬餘里，控弦四十萬，自頡利之後最為強盛，自恃兵威，虐用其眾，默啜既老，部落漸多逃散。

〔開元〕四年默啜又北討九姓拔曳固，戰於獨樂河，拔曳固大敗，默啜負勝輕歸，而不設備，遇拔曳固迸卒頡質略於柳林中，突出擊默啜，斬之。

同書同卷下〈西突厥阿史那彌射傳附孫獻傳〉（《新唐書・貳壹伍下・西突厥傳》略同）云：

長安元年充安撫招慰十姓大使，獻本蕃漸為默啜及烏質勒所侵，遂不敢還國。

同書同卷〈阿史那步眞傳〉（《新唐書・貳伍下・西突厥傳》略同）云：

自垂拱已後十姓部落頻被厥默啜侵掠，死散殆盡。及隋斛瑟羅纔六七萬人，徙居內地，西突厥阿史那氏遂絕。**（寅恪案：《通鑑》貳佰肆紀此事刪去「默啜」二字，蓋與上文「垂拱」二字衝突之故，於此足徵溫公讀書之精密。）**

同書同卷〈突騎施烏質勒傳〉（《新唐書・貳壹伍下・突騎施烏質勒傳》同）云：

突騎施烏質勒者，西突厥之別種也。烏質勒卒，其長子娑葛代統其衆，景龍三年娑葛弟遮弩恨所分部落少於其兄，遂叛入突厥，請為鄉導以討娑葛。默啜留遮弩，遣兵二萬人與其左右來討娑葛，擒之而還。

綜合上引諸條，可知東突厥復興後之帝國其勢力實遠及中亞，此時必有中亞胡族向東北遷徙者。史言「默啜既老，部落漸多逃散」，然則中國河朔之地不獨當東突厥復興盛強之時遭其侵軼蹂躪，即在其殘敗衰微之後亦仍吸收其逃亡離散之諸胡部落，故民族受其影響，風俗為之轉變，遂與往日之河朔迥然不同，而成為一混雜之胡化區域矣。夫此區域之民族既已脫離漢化，而又包括東北及西北之諸胡種，唐代中央政府若羈縻統治而求一武力與權術兼具之人才，為此複雜胡族方隅之主將，則柘羯與突厥合種之安祿山者，實為適應當時環境之唯一上選也。玄宗以東北諸鎮付之祿山，雖尙有他故，而祿山之種性與河朔之情勢要必為其主因，豈得僅如舊史所載，一出於李林甫固位之私謀而已耶？

更總括以上所述者論之，則知有唐一代三百年間其統治階級之變遷升降，即是宇文泰「關中本位政策」所鳩合集團之興衰及其分化。蓋宇文泰當日融冶關隴胡漢民族之有武力才智者，以創霸業；而隋唐繼其遺產，又擴充之。其皇室及佐命功臣大都西魏以來此關隴集團中人物，所謂八大柱國家即其代表也。當李唐初期此集團之力量猶未衰損，皇室與其將相大臣幾全出於同一之系統及階級，故李氏據帝位，主其軸心，其他諸族入則為相，出則為將，自無文武分途之事，而將相大臣與皇室亦為同類之人，其間更不容別一統治階級之存在也。至於武曌，其氏族本不在西魏以來關隴集團之內，因欲消滅唐室之勢力，遂開始施行破壞此傳統集團之工作，如崇尚進士文詞之科破格用人及漸毀府兵之制等皆是也。此關隴集團自西魏迄武曌歷時既經一百五十年之久，自身本已逐漸衰腐，武氏更加以破壞，遂致分崩墮落不可救止。其後皇位雖復歸李氏，至玄宗尤稱李唐盛世，然其祖母開始破壞關隴集團之工事竟及其身而告完成矣。此集團既破壞後，皇室始與外朝之將相大臣即士大夫及將帥屬於不同之階級。同時閹寺黨類亦因是變為一統治階級，擁蔽皇室，而與外朝之將相大臣相對抗。假使皇室與外廷將相大臣同屬於一階級，則其間固無閹寺階級統治國政之餘地也。抑更可注意者，關隴集團本融合胡漢文武為一體，故文武不殊途，而將相可兼任；今既別產生一以科舉文詞進用之士大夫階級，則宰相不能不由翰林學士中選出，邊鎮大帥之職捨蕃將莫能勝任，而將相文武蕃漢進用之途，遂分歧不可復合。舉凡進士科舉之崇重，府兵之廢除，以及宦官之專擅朝政，蕃將即胡化武人之割據方隅，其事俱成於玄宗之世。斯實宇文泰所創建之關隴集團完全崩潰，及唐代統治階級轉移升降即在此時之徵象。是以論唐史者必以玄宗之朝為時代畫分界線，其事雖為治國史者所得略知，至其所以然之故，則非好學深思通識古今之君子，不能詳切言之也。

中篇　政治革命及黨派分野

唐代政治革命依其發源根據地之性質爲區別，則有中央政治革命與地方政治革命二類。何以安史之亂以前地方政治革命均不能成功，且無多影響？而中央政治革命亦何以有成功與失敗？又唐代皇位之繼承常不固定，當新舊君主接續之交往往有宮廷革命，其原因爲何？及外廷士大夫黨派若牛李等黨究如何發生？其分野之界線何在？斯皆前人所未顯言而今此篇所欲討論者也。

上篇言宇文泰以「關中本位政策」創建霸業，隋唐因之，遂混一中國，爲極盛之世。《陸宣公奏議・壹・論關中事宜狀》（參《新唐書・壹伍柒・陸贄傳》、《通鑑》貳貳捌建中四年八月條）云：

> 太宗文皇帝既定大業，萬方底乂，猶務戎備，不忘慮危，列置府兵，分隸禁衛，大凡諸府八百餘所，而在關中者殆五百焉，舉天下不敵關中，則居重馭輕之意明矣。承平漸久，武備浸微，雖府衛具存，而卒乘罕習，故祿山竊倒持之柄，乘外重之資，一舉滔天，兩京不守。

寅恪案：陸敬與所言唐代內外輕重之形勢與政治之關係固甚確切，但唐人論事多追頌其祖宗創制之美，此不獨臣下立言之體宜然，實亦由於府兵制度之起原及其發展頗有誤會所致。蓋府兵制爲宇文泰當日「關中本位政策」中最要之一端，此政策之實情自唐初以降已不復爲世人所知，如李繁之《鄴侯家傳》爲唐人論府兵制主要之書，其間多所未諦，他更無論矣，此事已於拙著《隋唐制度淵源略論稿・兵制》章詳言之，茲可不論。然可由宣公之言推定其在「關中本位政策」猶未完全破壞以前凡操持關中主權之政府即可以宰制全國，故政治革命只有中央政治革命可以成功，地方革命則無論如何名正言順，終歸失敗，此點可以解釋尉遲迥、徐敬業所以失敗，隋文帝、武則天所以成功，與夫隋煬帝遠遊江左，所以卒喪邦家，唐高祖速據關中，所以獨成帝業。迨玄宗之世「關中本位政策」完全改變，所以地方政治革命始能成功，而唐室之衰亡實由於地方政治革命之安、史、龐勛、黃巢等之起事，及黃巢部將朱溫之篡奪也。

或問：唐代在「關中本位政策」即內重外輕之情形未變易以前，其政治革命惟有在中央發動者可以成功，但中央政治革命有成功，亦有失敗，其故又安在？應之曰：其關鍵實繫於守衛宮城北門禁軍之手，而北門之重要則由於唐代都城建置之形勢使然，其詳見拙著《隋唐制度淵源略論稿・禮儀章》附論都城建築一節。茲僅略述大意，附載唐代歷次中央政治革命與宮城北門有關之史實，以資證明焉。

《舊唐書・壹貳陸・李揆傳》（參《新唐書・伍拾・兵志》及壹伍拾〈李揆傳〉、《通鑑》貳貳壹乾元二年三月條、《十七史商榷》捌玖南衙北司條）云：

> 時京師多盜賊，有通衢殺人寘溝中者。李輔國方恣橫，上請選羽林騎士五百人以備巡檢。揆上疏曰：「昔西漢以南北軍相統攝，故周勃因南軍入北軍（**寅恪案：《新傳》亦與《舊傳》同作「因南軍入北軍」，其實應作「因北軍入南軍」，此揆元疏之誤，非傳寫之訛也。《通鑑》此條《胡注》明知其誤，猶只云：「恐不如此」，亦太謙愼矣**），遂安劉氏。皇朝置南北衙，文武區分，以相伺察。今以羽林代金吾警夜，忽有非常之變，將何以制之？」遂制罷羽林之請。

又同書壹陸捌〈馮宿傳附弟定傳〉（《新唐書・壹柒柒・馮宿傳附弟定傳》同）云：

> 改元〔開成〕，御〔宣政〕殿，中尉仇士良請用神策仗衛右殿，定抗疏論罷。

《通鑑》貳肆伍開成元年正月載此事，《胡注》云：

南衙十六衛之兵至此雖名存實亡。然以北軍衛南衙，則外朝亦將聽命於北司，既紊太宗之紀綱，又增宦官之勢焰，故馮定言其不可。

據此可知唐代之北軍即衛宮之軍，權力遠在南軍即衛城之軍之上，其情勢與西漢南北軍所處者適相反。關於西漢南北軍制，自宋迄今，論者多矣，可以不贅。茲所欲論者，即唐代北軍及都城建置，與中央政治革命之關係一端而已。《周官·考工記》匠人云：

面朝背市。

據通常之解釋，王宮居中，其南爲朝，其北爲市。故止就宮與市之位置言，則宮在市之南，或市居宮之北也。《考工記》作成之時代雖晚，但必爲儒家依據其所得之資料，加以理想化編纂之書，似無疑義。然則所言匠人營國，其宮市之位置必有當日眞實之背景者。今知西漢首都之長安，其未央宮南之司馬門直抵城垣，並無坊市，而未央宮長樂宮之北則有六街三市，是與《考工記》之文適相符合，豈與此書作成之時代有關耶？至隋代所營建之大興城，即後來唐代之長安城，其宮近城之北端，而市則在城之南方，其宮市位置適與以前之西漢長安城相反，故唐代之南北軍與西漢之南北軍其名雖同，而實際之輕重則相殊異也。夫中央政府之命令出於君主一人之身，君主所居之處乃政治劇變時成敗之所繫。西漢之長安，其宮在城南，故南軍為衛宮之武力；唐代之長安，其宮在城北，故北軍為衛宮之武力。苟明乎此，則唐代歷次中央政治革命之成敗，悉決於玄武門即宮城北門軍事之勝負，而北軍統制之權實即中央政柄之所寄託也。茲略引有關史事於下：

武德九年六月四日玄武門事變為唐代中央政治革命之第一次，而太宗一生最艱危之苦鬥也。後世往往以成敗論人，而國史復經勝利者之修改，故不易見當時眞相。然高祖起兵太原，建成即與太宗各領一軍。及為太子，其所用官僚如王珪、魏徵之流即後來佐成貞觀之治之名臣，可知建成亦為才智之人。至於元吉者，尤以勇武著聞，故太宗當日相與競爭之人決非庸懦無能者，又況建成以嫡長之名位，而內得高祖宮闈之助乎？太宗終能於玄武門一擊，而建成、元吉倉卒敗亡，似此二人曾絕無計慮及準備者，頗為不近情理，疑其間必有未發之覆，而相傳之史料復多隱諱之處也。

《舊唐書・陸捌・尉遲敬德傳》（《新唐書・捌玖・尉避敬德傳》略同）略云：

隱太子、巢剌王元吉將謀害太宗，密致書以招敬德，仍贈以金銀器物一車，敬德辭。（中略）。敬德曰：「在外勇士八百餘人今悉入宮，控弦被甲，事勢已就，王何得辭？」（中略）。〔東〕宮〔齊王〕府諸將薛萬澈、謝叔方、馮立等率兵大至，屯玄武門，殺屯營將軍。敬德持建成、元吉首以示之，官府兵遂散。

同書同卷〈張公謹傳〉（《新唐書・捌玖・張公謹傳》同）云：

〔武德九年〕六月四日，公謹與長孫無忌等九人伏於玄武門以俟變。及斬建成、元吉，其黨來攻玄武門，兵鋒甚盛。公謹有勇力，獨閉關以拒之。

同書壹捌柒上〈忠義傳・上・敬君弘傳〉（《新唐書・壹玖壹・忠義傳・敬君弘傳》同）略云：

武德中為驃騎將軍，掌屯營兵於玄武門，加授雲麾將軍。隱太子建成之誅也，其餘黨馮立、謝叔方率兵犯玄武門，君弘挺身出戰，與中郎將呂世衡並遇害。太宗甚嗟賞之，贈君弘左屯衛大將軍，世衡右驍衛將軍。

同書同卷〈馮立傳〉略云：

隱太子建成引為翊衛車騎將軍，建成被誅，〔立〕率兵犯玄武門，苦戰久之，殺屯營將軍敬君弘，解兵遁於野，俄而來請罪。太宗數之曰：「昨日出兵來戰，殺傷我將，何以逃死？」

同書同卷〈謝叔方傳〉略云：

太宗誅隱太子及元吉於玄武門，叔方率〔齊王〕府兵與馮立合軍拒戰於北闕下，殺敬君弘、呂世衡。太宗兵不振，秦府護軍尉遲敬德傳元吉首以示之，叔方下馬號哭而遁。明日出首，太宗命釋之。

據此，太宗之所以得勝，建成、元吉之所以致敗，俱由一得以兵據玄武門即宮城之北門，一不得以兵入玄武門故也。然則玄武門爲武德九年六月四日事變成敗之關鍵，至爲明顯，但此中實有未發之覆，即玄武門地勢之重要，建成、元吉豈有不知，必應早有所防衛，何能令太宗之死黨得先隱伏奪據此要害之地乎？今得見巴黎圖書館藏敦煌寫本伯希和號貳陸肆拾李義府撰〈常何墓誌銘〉，然後知太宗與建成、元吉兩方皆誘致對敵之勇將。常何舊曾隸屬建成，而爲太宗所利誘。當武德九年六月四日常何實任屯守玄武門之職，故建成不以致疑，而太宗因之竊發。迨太宗既殺其兄弟之後，常何遂總率北門之屯軍矣。此亦新史料之發見，足資補釋舊史所不能解之一端也。至於敬君弘、呂世衡則觀太宗數馮立罪所言，殆與常何同爲太宗之黨歟？史料缺乏，未敢遽定，俟更詳考之。

《舊唐書・玖壹・桓彥範傳》（《新唐書・壹貳拾・桓彥範傳》同，並參《舊唐書》壹捌柒上《新唐書》壹玖壹〈忠義傳・王同皎傳〉）略云：

〔張〕柬之遽引彥範及〔敬〕暉並為左右羽林將軍，委以禁兵，共圖其事。時皇太子每於北門起居，彥範與暉因得謁見，密陳其計，太子從之。神龍元年正月彥範與敬暉及左羽林將軍李湛、李多祚，右羽林將軍楊元琰，左威衛將軍薛思行等率左右羽林兵及千騎五百餘人討〔張〕易之、昌宗於宮中。令李湛、李多祚就東宮迎太子。兵至玄武門，彥范等奉太子斬關而入。時則天在迎仙宮之集仙殿，斬易之、昌宗於廊下，明日太子即位。

同書壹佰玖〈李多祚傳〉（《新唐書・壹壹拾・李多祚傳》同）略云：

少以軍功歷位右羽林大將軍，前後掌禁兵北門宿衛二十餘年。神龍初，張柬之將誅張易之兄弟，引多祚籌其事，謂曰：「將軍在北門幾年？」曰：「三十年矣。」柬之曰：「將軍位極武臣，豈非大帝之恩乎？」曰：「然。」又曰：「既感大帝殊澤，能有報乎？大帝之子見在東宮，張易之兄弟擅權，朝夕危逼，誠能報恩，正屬今日。」多祚曰：「苟緣王室，唯相公所使。」遂與柬之等定謀誅易之兄弟。

寅恪案：武則天雖居洛陽，然東都宮城之玄武門亦與長安宮城之玄武門同一位置，俱爲形勢要害之地。中宗復辟之成功，實在溝通北門禁軍之故。張柬之既得羽林軍統將李多祚之同意，大局即定，雖以武曌之梟傑，亦無抵禦之能力矣。

《舊唐書・捌陸・節愍太子重俊傳》（《新唐書・捌壹・節愍太子重俊傳》同）略云：

〔神龍〕三年七月〔重俊〕率左羽林大將軍李多祚等矯制發左右羽林兵及千騎三百餘人，殺〔武〕三思及〔武〕崇訓於其第，又令左金吾大將軍成王千里分兵守宮城諸門，自率兵趨肅章門，斬關而入，求韋庶人及安樂公主所在。韋庶人及〔安樂〕公主遽擁帝〔中宗〕馳赴玄武門樓，召左羽林將軍劉仁景等令率留軍飛騎及百餘人於樓下列守。俄而多祚等兵至，欲突玄武門樓，宿衛者拒之，不得進。帝據檻呼多祚等所將千騎，謂曰：「汝等並是我爪牙，何故作逆？若能歸順，斬多祚等，與汝富貴。」於是千騎王歡喜等倒戈斬多祚等，餘黨遂潰散。

寅恪案：李多祚以一人之身，二次躬率禁軍預聞中央政治革命之役，然而前後成敗互異者，以神龍三年七月辛丑之役韋后、安樂公主等猶得擁護中宗，及保有劉仁景等一部分之北門衛兵，故能據守玄武門樓之要地，及中宗親行宣諭，而多祚等所率之禁軍遂倒戈自殺，一敗塗地矣。

然則中央政治革命之成敗與玄武門之地勢及守衛北門禁軍之關係如是重大，治唐史者誠不宜忽視之也。《舊唐書・捌・玄宗紀上》（《新唐書・伍・玄宗紀》及《通鑑》貳佰玖景龍四年六月條同）略云：

〔唐隆元年六月〕庚子夜〔上〕率〔劉〕幽求等數十人自苑南入，總監鍾紹京又率丁匠百餘以從，分遣萬騎往玄武門，殺羽林將軍韋播、高嵩，持首而至，衆皆歡叫大集。攻白獸、玄德等門，斬關而進。左萬騎自左入，右萬騎自右入，合於凌煙閣前，時太極殿前有宿衛梓宮萬騎，聞譟聲，皆披甲應之，韋庶人惶惑走入飛騎營，為亂兵所害。

同書伍壹〈后妃傳上・中宗韋庶人傳〉（《新唐書・柒陸・后妃傳・中宗韋庶人傳》同，並參考《舊唐書》壹捌參《新唐書》貳佰陸〈外戚傳・韋溫傳〉）略云：

帝〔中宗〕遇毒暴崩，后懼，祕不發喪。定策立溫王重茂為皇太子，召諸府兵五萬人屯京城，分為左右營，然後發喪。少帝即位，尊后為皇太后，臨朝攝政。韋溫總知內外兵馬，守援宮掖。駙馬韋捷、韋濯分掌左右屯營。武延秀及溫從子播、族弟璿、外甥高嵩典左右羽林軍及飛騎。播、璿欲先樹威嚴，拜官日先鞭萬騎數人，眾皆怨，不為之用。臨淄王率薛崇簡、鍾紹京、劉幽求等領萬騎入自玄武門，至左羽林軍，斬將軍韋璿、韋播及中郎將高嵩於寢帳，遂斬關而入，至太極殿，后惶駭遁入殿前飛騎營，為亂兵所殺。

同書壹佰陸〈王毛仲傳〉（《新唐書・壹貳壹・王毛仲傳》同）云：

初太宗貞觀中擇官戶蕃口中少年驍勇者百人，每出遊獵，令持弓矢於御馬前射生，令騎豹文韉，著畫獸文衫，謂之百騎。至則天時漸加其人，謂之千騎，分隸左右羽林營。孝和謂之萬騎，亦置使以領之。玄宗在藩邸時，常接其豪俊者，或賜飲食財帛，以此盡歸心焉。毛仲亦悟玄宗之旨，待之甚謹，玄宗益憐其敏慧。及〔景龍〕四年六月中宗遇弒，韋后稱制，令韋播、高嵩為羽林將軍，令押千騎營（**寅恪案：《通鑑》「千」作「萬」，是，蓋中宗已改千騎爲萬騎矣，溫公之精密有如是者**），榜箠以取威。其營長葛福順、陳玄禮等相與見玄宗訴冤。會玄宗已與劉幽求、麻嗣宗、薛崇簡等謀舉大計，相顧益歡，令幽求諷之，皆願決死從命。及二十日夜玄宗入苑中，乙夜福順等至，玄宗曰：「與公等除大逆，安社稷，各取富貴，在於俄頃，何以取信？」福順等請號而行，斯須斬韋播、韋璿、高嵩等頭來，玄宗舉火視之。又召鍾紹京領總監丁匠刀鋸百人至，因斬關而入，后及安樂公主等皆為亂兵所殺。

寅恪案：玄宗景龍四年六月二十日夜之舉兵，與三年前即神龍三年七月六日節愍太子重俊發動之玄武門事變正復相似，而成敗不同者，以玄宗能預結羽林萬騎諸營長葛福順、陳玄禮等，而韋后死黨守衛玄武門之羽林禁軍統將如韋播、韋璿、高嵩等，皆爲其部下所殺故也。

又以上所述自高祖、太宗至中宗、玄宗，中央政治革命凡四次，俱以玄武門之得失及屯衛北門禁軍之向背爲成敗之關鍵。然此皆訴諸武力，公開決戰者。至於武曌之改唐爲周，韋氏之潛移政柄，其轉變不出闈闥之間，兵不血刃，而全國莫之能抗，則以「關中本位政策」施行以來，內重外輕之勢所致也。然自玄宗末年安史叛亂之後，內外輕重之形勢既與以前不同，中央政變除極少破例及極小限制外，大抵不決之於公開戰爭（唐末強藩與中央政府權臣及閹寺離合之關係構成戰亂，其事應列入統治階級之升降及黨派分野範圍論之，故凡本書所未能詳述者，以義類推之可知也），而在宮廷之內以爭取皇位繼承之形式出之。於是皇位繼承之無固定性及新舊君主接續之交，輒有政變發生，遂爲唐代政治史之一大問題也。

唐自開國時建成即號爲皇太子，太宗以功業聲望卓越之故，實有奪嫡之圖謀，卒釀成武德九年六月四日玄武門之事變，已詳前述，且其事爲世所習知者也。太宗立承乾爲皇太子，承乾乃長孫皇后之長子，既居長嫡之位，其他諸子又無太宗之功業聲望可以啓其窺伺之心者，然承乾終被廢棄，而諸子爭立，太宗心中之苦悶及其舉止之失態，觀《兩唐書・長孫無忌傳》所載可知矣。

《舊唐書・陸伍・長孫無忌傳》（《新唐書・壹佰伍・長孫無忌傳》同）云：

太子承乾得罪，太宗欲立晉王，而限以非次，迴惑不決。御兩儀殿，群官盡出，獨留無忌及司空房玄齡、兵部尚書李勣，曰：「我三子一弟所為如此，我心無憀。」因自投於床，抽佩刀欲自刺。無忌等驚懼，爭前扶抱，取佩刀以授晉王。無忌等請太宗所欲，報曰：「我欲立晉王。」無忌曰：「謹奉詔，有異議者，臣請斬之。」太宗謂晉王曰：「汝舅許汝，宜拜謝。」因下拜。太宗謂無忌等曰：「公等既符我意，未知物論何如？」無忌曰：「晉王仁孝，天下屬心久矣，伏乞召問百寮，必無異辭，若不舞蹈同音，臣負陛下萬死。」於是建立遂定，因加授無忌太子太師。尋而太宗又欲立吳王恪，無忌密爭之，其事遂輟。

寅恪案：太宗蓋世英雄，果於決斷，而至皇位繼承問題乃作如此可笑之狀，雖或施用

權術，故爲失態，藉以籠制諸腹心大臣，然其內心之煩惱迴惑已臻極點，則無可疑。蓋皇位繼承既不固定，則朝臣黨派之活動必不能止息，太宗之苦悶不堪，實職此之由也。又觀於其經此戲劇式之御前會議，建立晉王爲太子之後，復欲改立吳王恪，可知當日皇位繼承終是搖動不固定之事，因此，太子之嗣位亦不得不別有擁戴扶立之元勛。若皇儲之繼承權本極固定者，則此輩元勛何從得居擁立之功耶？

至於高宗本庸懦之主，受制於武后，其皇儲之不固定夫何足怪？而武曌則爲曠世怪傑，既屢屠殺其親生之子孫，何況區區廢立之事？故其皇位繼承之不定乃更意中事也。若立子立姪之問題乃屬於別一範圍，茲不討論，僅略引有關高宗武曌廢立其子之史文於下：

《舊唐書・捌陸・燕王忠傳》（《新唐書・捌壹・燕王忠傳》同）云：

> 燕王忠，高宗長子也，〔永徽〕三年立忠為皇太子，顯慶元年廢忠為梁王。

同書柒〈中宗紀〉略云：

> 永隆元年章懷太子廢，其年立為皇太子。弘道元年高宗崩，即帝位，嗣聖元年二月皇太后廢帝為廬陵王，其年五月遷於均州，尋徙居房陵。聖曆元年召還東都，立為皇太子。神龍元年

正月張柬之等率羽林兵誅〔張〕易之、昌宗，迎皇太子監國。乙巳則天傳位於皇太子，丙午即皇帝位。

同書同卷〈睿宗紀〉略云：

嗣聖元年則天臨朝，廢中宗為廬陵王，立〔帝〕為皇帝。及革命，改國號為周，降帝為皇嗣，徙居東宮，其具儀一比皇太子。聖曆元年中宗自房陵還，請讓位於中宗。則天遂立中宗為皇太子，封帝軍為相王。景龍四年夏六月中宗崩，臨淄王諱〔隆基〕等率兵入北軍，誅韋溫等。甲辰少帝遜於別宮，是日即皇帝位。

同書壹壹陸〈承天皇帝倓傳〉（《新唐書・捌貳・承天皇帝倓傳》同，又參《舊唐書》捌陸《新唐書》捌壹〈孝敬皇帝傳〉、〈章懷太子傳〉）云：

〔李〕泌因奏〔肅宗〕曰：「臣幼稚時念黃臺瓜辭，陛下嘗聞其説乎？高宗大帝有八子，睿宗最幼，〔與〕天后所生三子自為行第，故睿宗第四。長曰孝敬皇帝〔弘〕，為太子監國，而仁明孝悌，天后方圖臨朝，乃鴆殺孝敬，立雍王賢為太子。賢每日憂惕，知必不保全，與二弟同侍於父母之側，無由敢言，乃作黃臺瓜辭，令樂工歌之，冀天后聞之省悟，即生哀愍，辭云：『種瓜黃臺下。瓜熟子離離。一摘使瓜好。再摘令瓜稀。三摘猶尚可。四摘抱蔓歸。』而太子賢終為天后所逐，死於黔中。」

然最可注意者，實神龍元年正月癸卯（二十日）玄武門之事變，其事自唐室諸臣言之，則易周爲唐爲中興復辟；自武則天方面言之，則不過貪功之徒擁立既已指定而未甚牢固之繼承儲君而已（凡唐代之太子實皆是已指定而不牢固之皇位繼承者，故有待於擁立之功臣也）。此役之是非及其本末今不能詳述，所欲論者，即中宗雖復立爲皇太子，其皇位繼承權實非固定，若全國俱認爲必能終繼武曌之位，無有可疑者，則五王等更將何所依藉，以爲號召之口實耶？茲錄《通鑑》神龍元年五月甲午以侍中齊公敬暉爲平陽王條考異所引，而爲司馬君實所不取之統紀原文，以佐證鄙說焉，其文云：

太后善自粉飾，雖子孫在側，不覺衰老（其實此語《通鑑》上文已採用之矣）。及在上陽宮不復櫛類，形容羸悴。上（中宗）入見，大驚。太后泣曰：「我自房陵迎汝來，固以天下授汝矣，而五賊貪功，驚我至此。」上悲泣不自勝，伏地拜謝死罪。由是〔武〕三思等得入其謀。

此節史料實可解釋中宗朝武氏權勢不因則天失位而消滅之故，溫公轉不之信，無乃過於審慎歟？

《舊唐書・捌陸・殤皇帝重茂傳》云：

景龍四年中宗崩，韋庶人立重茂為帝，而自臨朝稱制。及韋氏敗，重茂遂遜位，讓叔父相王。

同書同卷〈節愍太子重俊傳〉（《新唐書・捌壹・節愍太子重俊傳》同）云：

〔神龍〕二年秋立為皇太子，時武三思得幸中宮，深忌重俊。三思子崇訓尚安樂公主，常教公主陵忽重俊，以其非韋氏所生，常呼之為奴。或勸公主請廢重俊為王，自立為皇太女，重俊不勝忿恨。

寅恪案：殤帝重茂以韋氏敗見廢，假使韋氏不敗，而仿武曌之前例行事，則重茂亦未必能久立，何況其非韋氏所生者乎？重俊起兵失敗，已於前言之，茲不復論，但究其所以舉兵之由，實以既受武三思父子及安樂公主等之陵忌，明知其皇位繼承權至不固定，遂出此冒險之舉耳。

睿宗嫡長子成器雖曾居皇太子之位，終以其庶弟隆基（玄宗）功業顯著之故，而讓皇儲之位。是其皇位繼承之不固定，無待言矣。至玄宗雖非長嫡，然以誅滅韋氏戴立睿宗之大功得越其嫡兄成器而立爲皇太子，此蓋有懲於建成太宗之故事，宜其皇位繼承權之固定，及考諸記載，殊亦不然，茲略引史文以證明之。

《舊唐書・玖伍・讓皇帝憲傳》（《新唐書・捌壹・讓皇帝憲傳》同）云：

> 讓皇帝憲本名成器，睿宗長子也。文明元年立為皇太子，及睿宗降為皇嗣，則天冊授成器為皇孫，唐隆元年進封宋王。睿宗踐阼，將建儲貳，以成器嫡長，而玄宗有討平韋氏之功，意久不定，成器固讓，睿宗乃許之。

同書捌〈玄宗紀上〉（《新唐書・伍・玄宗紀》略同）略云：

> 〔唐隆元年〕七月丙午〔睿宗〕制曰：「第三子〔隆〕基可立為皇太子！」〔景雲〕二年二月又制曰：「皇太子〔隆〕基宜令監國！其六品以下除授及徒罪以下並取〔隆〕基處分！」延和元年六月凶黨因術人聞睿宗曰：「據玄象，帝座及前星有災，皇太子合作天子，不合

更居東宮矣。」睿宗曰：「傳德避災，吾意決矣。」七月壬午制曰：「皇太子可令即皇帝位！」上（玄宗）叩頭請所以傳位之旨。睿宗曰：「吾因汝功業得宗社，易位於汝，吾知晚矣。」上始居武德殿視事，三品以下除授及徒罪皆自決之。先天二年七月三日左羽林大將軍常元楷、右羽林將軍李慈等與太平公主同謀，期以其月四日以羽林軍作亂，上密知之，因出武德殿，入虔化門，梟常元楷、李慈於北闕。睿宗明日下詔曰：「朕將高居無為，自今軍國政刑一事已上並取皇帝處分！」（**寅恪案：《通鑑》貳壹拾開元元年七月乙丑上皇徙居百福殿。**）

同書玖陸〈姚崇傳〉（《新唐書・壹貳肆・姚崇傳》同）云：

時玄宗在東宮，太平公主干預朝政，宋王成器為閑廄使，岐王範、薛王業皆掌禁兵，外議以為不便，元之（崇本名元崇，因惡與突厥叛人同名，改為元之）同侍中宋璟密奏，請令公主往東都，出成器等諸王為刺史以息人心。睿宗以告公主，公主大怒。玄宗乃上疏以元之、璟等離間兄弟，請加罪，乃貶元之為申州刺史。

同書同卷〈宋璟傳〉（《新唐書・壹貳肆・宋璟傳》同）云：

時太平公主謀不利於玄宗，嘗於光範門內乘輦，伺執政以諷之，衆皆失色。璟昌言曰：「東宮有大功於天下，真宗廟社稷之主，安得有異議？」乃與姚崇同奏請令公主就東都。玄宗懼，抗表請加罪於璟等，乃貶璟為楚州刺史。

同書玖柒〈張說傳〉（《新唐書・貳伍・張說傳》同）云：

是歲（景雲二年）二月睿宗謂侍臣曰：「有術者上言：五日內有急兵入宮，卿等為朕備之！」左右相顧，莫能對。說進曰：「此是讒人設計，擬搖動東宮耳，陛下若使太子監國，則君臣分定，自然窺覦路絕，災難不生。」睿宗大悅，即日下制皇太子監國。明年又制皇太子即帝位。俄而太平公主引蕭至忠、崔湜為宰相。以說為不附己，轉為尚書左丞，罷知政事，仍令往東都留司。說既知太平陰懷異計，乃使獻佩刀於玄宗，請先事討之，玄宗嘉納焉。

寅恪案：玄宗既以有大功故得立爲皇太子，而其皇位繼承權仍不固定，其後雖已監國，並受內禪，即皇帝位矣，而其皇位之不安定也如故，必至誅夷太平公主黨徒之後，睿宗迫不得已，放棄全部政權，退居百福殿，於是其皇位始能安定，此誠可注意者也。至太平公主欲以羽林軍作亂，幸玄宗早知其謀，先發制人，得斬禁軍統將常元楷、李慈等，唐代中央政治革命之成敗繫於北門衛兵之手，斯又一例證矣。

《舊唐書・壹佰柒・廢太子瑛傳》（《新唐書・捌貳・太子瑛傳》同）略云：

廢太子瑛，玄宗第二子也，開元三年正月立為皇太子。及武惠妃寵幸，（瑛母趙）麗妃恩乃漸弛，惠妃之子壽王瑁鍾愛，（惠）妃泣訴於玄宗，以太子結黨，將害於妾母子，亦指斥於至尊。玄宗震怒，謀於宰相，意將廢黜。中書令張九齡奏曰：「今太子既長，無過。」玄宗默然，事且寢。李林甫代張九齡為中書令，希惠妃之旨，託意於中貴人，揚壽王瑁之美。（開元）二十五年（惠妃女咸宜公主夫）楊洄又搆於惠妃，言瑛兄弟（鄂王瑤、光王琚）三人與太子妃兄薛鏽搆異謀。玄宗遽召宰相籌之。林甫曰：「此蓋陛下家事，臣不合參知。」玄宗意乃決矣。使中官宣詔於宮中，並廢為庶人，鏽配流，俄賜死於城東驛。

寅恪案：瑛乃玄宗初立之太子，其皇位繼承既已不能固定矣，至於此後所立之太子即後來繼位之肅宗，其皇位繼承權亦屢經動搖，若非乘安祿山叛亂之際擁兵自立爲帝，則其果能終嗣皇位與否，殊未可知也。

《新唐書・貳佰柒・宦者傳上・高力士傳》（參考《通鑑》貳壹肆開元二十六年條考異）云：

初，太子瑛廢，武惠妃方嬖，李林甫等皆屬壽王（瑁），帝（玄宗）以肅宗長，意未決，居忽忽不食。力士曰：「大家不食，亦膳羞不具耶？」帝曰：「爾我家老，揣我何為而然？」力士曰：「嗣君未定耶？推長而立，孰敢爭？」帝曰：「爾言是也。」儲位遂定。

《舊唐書・拾・肅宗紀》略云：

肅宗，玄宗第三子，開元二十六年六月庚子立為皇太子。初太子瑛得罪，上召李林甫，議立儲貳，時壽王瑁母武惠妃方承恩寵，林甫希旨，以瑁對，及立上（肅宗）為太子，林甫懼不利己，乃起韋堅、柳勣之獄，上幾危者數四。後楊國忠依妃家，恣為褻穢，懼上英武，潛謀不利，為患久之。（天寶）十四載十一月（安）祿山稱兵詣闕，十二月辛丑制太子監國，仍遣上親總諸軍進討。時祿山以誅楊國忠為名，國忠懼，乃與（楊）貴妃謀間其事，上遂不行。明年六月關門不守，國忠諷玄宗幸蜀，車駕將發（馬嵬頓），留上在後宣諭百姓，上迴軍（欲收復長安）。七月辛酉上至靈武，（裴）冕（杜鴻漸）等凡六上牋（請即皇帝位）。上不獲已，乃從，是月甲子即皇帝位於靈武。

同書壹捌肆〈宦官傳・李輔國傳〉（《新唐書・貳佰捌・宦者傳下・李輔國傳》同）

云：

〔安〕祿山之亂，玄宗幸蜀，輔國侍太子（肅宗），扈從至馬嵬，誅楊國忠，輔國獻計太子，請分玄宗麾下兵，北趨朔方，以圖興復，輔國從至靈武，勸肅宗即帝位，以繫人心。

寅恪案：玄宗何以捨壽王瑁而立肅宗爲皇太子，此爲別一問題，非茲篇所能論及也。惟肅宗既立爲皇太子之後，其皇位繼承權甚不固定，故乘安祿山叛亂玄宗倉卒幸蜀之際，分兵北走，自取帝位，不僅別開唐代內禪之又一新局，而李輔國因是爲擁戴之元勛，遂特創後來閹寺擁戴或廢黜儲君之先例，此甚可注意也。

《舊唐書・壹壹・代宗紀》略云：

代宗，肅宗長子，〔乾元元年〕四月庚寅立為皇太子。寶應元年四月肅宗大漸，所幸張皇后無子，后懼上（代宗）功高難制，陰引越王係於宮中，將圖廢立。乙丑皇后矯詔召太子，中官李輔國、程元振素知之，乃勒兵於凌霄門，俟太子至，即衛太子至飛龍廐。是夕勒兵於三殿，收捕越王係及內官朱光輝、馬英俊等，禁錮之，幽皇后於別殿。丁卯肅宗崩，元振等始迎上於九仙門，見群臣，行監國之禮，己巳即皇帝位於柩前。

同書伍貳〈后妃傳下・肅宗張皇后傳〉（《新唐書・柒柒・后妃傳下・肅宗張皇后傳》同）略云：

先在靈武時，太子（代宗）弟建寧王倓為后誣譖而死，自是太子憂懼，常恐后之搆禍。后以建寧之隙，常欲危之。寶應元年四月肅宗大漸，后與內官朱輝光、馬英俊、啖庭瑤、陳仙甫等謀立越王係，矯詔召太子入侍疾。中官程元振、李輔國知其謀，及太子入，二人以難告，請太子在飛龍廐。元振率禁軍收越王係、朱輝光等。俄而肅宗崩，太子監國，遂移后於別殿，幽崩，誅馬英俊〔等〕。

同書壹壹陸〈承天皇帝倓傳〉（《新唐書・捌貳・承天皇帝倓傳》同）略云：

時廣平王（代宗）立大功，亦為張皇后所忌，譖搆流言。

同書壹捌肆〈宦官傳・李輔國傳〉（《新唐書・貳佰捌・宦者傳下・李輔國傳》同）云：

輔國判元帥行軍司馬，專掌禁軍，代宗即位，輔國與程元振有定策功。

同書同卷〈宦官傳・程元振傳〉（《新唐書・貳佰柒・宦者傳上・程元振傳》同）云：

寶應末肅宗晏駕，張皇后與太子（代宗）有隙，恐不附己，引越王係入宮，欲令臨國。元振知其謀，密告李輔國，乃挾太子誅越王並其黨與。

寅恪案：代宗雖有收復兩京之功，而其皇位繼承權不固定如此。最可注意者，則爲自寶應元年四月乙丑（十六日）事變張皇后失敗後，唐代宮禁中武曌以降女后之政柄，遂告終結。而皇位繼承之決定，乃歸於閹寺之手矣。但閹寺之中又分黨派，互有勝敗，如程元振等與朱輝光等之爭，即是其例。至於李氏子孫無論其得或不得繼承帝位如代宗與越王係之流，則皆閹寺之傀儡工具而已。

《舊唐書・壹壹捌・楊炎傳》（《新唐書・壹肆伍・楊炎傳》同）略云：

李正己上表請殺〔劉〕晏之罪。炎懼，乃遣腹心分往諸道，言晏之得罪以昔年附會姦邪，謀立獨孤妃為皇后，上自惡之，非他過也。

同書同卷〈黎幹傳〉（《新唐書．壹肆伍．黎幹傳》同）云：

大曆中德宗居東宮，幹及〔宦官劉〕清潭嘗有姦謀動搖。

同書壹貳參〈劉晏傳〉（《新唐書．壹肆玖．劉晏傳》同）略云：

時人風言：代宗寵獨孤妃，而又愛其子韓王迥，晏密啓請立獨孤為皇后。〔楊〕炎奏言：「賴祖宗福佑，先皇（代宗）與陛下（德宗）不為賊臣所間，不然，劉晏、黎幹之輩搖動社稷，凶謀果矣。」

同書壹參柒〈趙涓傳〉（《新唐書．壹陸壹．趙涓傳》同）云：

永泰初，涓為監察御史。時禁中失火燒屋室數十間，火發處與東宮稍近，代宗深疑之。涓為巡使，俾令即訊，涓周歷壖閫，按據跡狀，乃上直中官遺火所致也。推鞫明審，頗盡事情，既奏，代宗稱賞焉。德宗時在東宮，常感涓之究理詳細。

寅恪案：此德宗為太子時，其皇位繼承權亦不固定之證也。

《新唐書・柒・順宗紀》略云：

大曆十四年十二月乙卯立為皇太子，郜國公主以蠱事得罪，太子妃其女也。德宗疑之，幾廢者屢矣，賴李泌保護，乃免。

《舊唐書・壹參拾・李泌傳》（《新唐書・壹參玖・李泌傳》同）云：

順宗在春宮，妃蕭氏母郜國公主交通外人，上（德宗）疑其有他，連坐貶黜者數人，皇儲亦危，泌百端奏說，上意方解。

同書壹伍玖〈衛次公傳〉（《新唐書・壹陸肆・衛次公傳》同，並參考《舊唐書・壹伍玖・鄭絪傳》）云：

（貞元）二十一年正月德宗昇遐，時東宮（順宗）疾恙方甚，倉卒召學士鄭絪等至金鑾殿。中人或云：「內中商量所立未定。」眾人未對，次公遽言曰：「皇太子（順宗）既有疾，地居冢嫡，內外繫心，必不得已，當立廣陵王（憲宗），若有異圖，禍難未已。」絪等隨而唱之，眾議方定。

寅恪案：《通鑑》貳參貳貞元三年六月條及貳參參貞元三年八月條載順宗為皇太子時幾被廢黜事甚詳，蓋與《新唐書‧李泌傳》同採自《鄴侯家傳》，李繁述其父事雖多溢美，然順宗當日皇位繼承權之動搖則為事實也。

依時代之次序，此下當論述憲宗之事跡。但永貞內禪尤為唐代內廷閹寺黨派競爭與外朝士大夫關係之一最著事例，且唐代外廷士大夫之牛李黨爭即起於憲宗元和之世。茲為敘述便利之故，本篇中專論唐代皇位繼承不固定之事實，則至德宗順宗之交為止。此後以內廷及外朝之黨派關係與皇位繼承二端合併論證，而在論證此二端之前，先一言唐代士大夫黨派分野之界線焉。

唐代統治階級在武曌未破壞「關中本位政策」以前，除宇文泰所創建之胡漢關隴集團胡漢諸族外，則為北朝傳統之山東士族，凡外廷士大夫大抵為此類之人也。所謂士族者，其初並不專用其先代之高官厚祿為其唯一之表徵，而實以家學及禮法等標異於其他諸姓。如范陽盧氏者，山東士族中第一等門第也，然魏收著《魏書》，其第肆柒卷〈盧玄傳〉論（李延壽於《北史》參拾盧玄等傳論即承用伯起元文）云：

盧玄緒業著聞，首應旌命，子孫繼跡，為世盛門。其文武功業殆無足紀，而見重於時，聲高冠帶，蓋德業儒素有過人者。

其實伯起此言不獨限於北魏時之范陽盧氏，凡兩晉、南北朝之士族盛門，考其原始，幾無不如是。魏晉之際雖一般社會有鉅族、小族之分，苟小族之男子以才器著聞，得稱爲「名士」者，則其人之政治及社會地位即與鉅族之子弟無所區別，小族之女子苟能以禮法特見尊重，則亦可與高門通婚，非若後來士族之婚宦二事專以祖宗官職高下爲唯一之標準者也。此點關係兩晉、南北朝士族問題之全部，兹篇殊難詳悉考辨。故除上引《魏書・盧玄傳》論之關於河北者外，更舉關於江左一事，以爲例證，其餘不能多及，但可以類推也。

《舊唐書・壹玖拾上・文苑傳上・袁朗傳》（《新唐書・貳佰壹・文藝傳上・袁朗傳》同）略云：

袁朗，其先自陳郡仕江左，世為冠族。朗自以中外人物為海內冠族，雖琅邪王氏繼有臺鼎，而歷朝首為佐命，鄙之不以為伍。朗孫誼又虞世南外孫，神功中為蘇州刺史，嘗因視事，司馬清河張沛通謁，沛即侍中文瓘之子。誼揖之曰：「司馬何事？」沛曰：「此州得一長史，是隴西李亶，天下甲門。」誼曰：「司馬何言之失？門戶須歷代人賢名節風教為衣冠顧瞻，始可稱舉，老夫是也。夫山東人尚於婚媾，求於利祿，作時柱石，見危致命，則曠代無人，何可說之，以為門戶？」沛懷慚而退，時人以為口實。

寅恪案：袁誼、張沛之言皆是也，不過袁說代表六朝初期門第原始本義，張說代表六朝後期及隋唐時代門第演化通義，其分別如是而已，然於此亦可觀古今世變矣。又袁誼「山東人尚於婚媾」之言，可取與《新唐書・壹玖玖・儒學傳中・柳沖傳》附載柳芳論氏族文中

山東之人尚婚婭，江左之人尚人物，關中之人尚冠冕，代北之人尚貴戚。

諸語參證。其實袁張之異同亦涉及地域及種族問題，匪僅古今時間之關係，但此非本篇所能具論者也。

夫士族之特點既在其門風之優美，不同於凡庶，而優美之門風實基於學業之因襲。故士族家世相傳之學業乃與當時之政治社會有極重要之影響，此事寅恪嘗於拙著《隋唐制度淵源略論稿・禮儀》章論之，茲不復贅。但東漢學術之重心在京師之太學，學術與政治之關鎖則爲經學，蓋以通經義、勵名行爲仕宦之途徑，而致身通顯也。自東漢末年中原喪亂以後，學術重心自京師之太學移轉於地方之豪族，學術本身雖亦有變遷，然其與政治之關鎖仍循其東

漢以來通經義、勵名行以致從政之一貫軌轍。此點在河北即所謂山東地域尤爲顯著，實與唐高宗、武則天後之專尚進士科，以文詞爲清流仕進之唯一途徑者大有不同也。由此可設一假定之說：即唐代士大夫中其主張經學爲正宗、薄進士爲浮冶者，大抵出於北朝以來山東士族之舊家也。其由進士出身而以浮華放浪著稱者，多爲高宗、武后以來君主所提拔之新興統治階級也。其間山東舊族亦有由進士出身，而放浪才華之人或爲公卿高門之子弟者，則因舊日之士族既已淪替，乃與新興階級漸染混同，而新興階級雖已取得統治地位，仍未具舊日山東舊族之禮法門風，其子弟逞才放浪之習氣猶不能改易也。總之，兩種新舊不同之士大夫階級空間時間既非絕對隔離，自不能無傳染薰習之事。但兩者分野之界畫要必於其社會歷史背景求之，然後唐代士大夫最大黨派如牛李諸黨之如何構成，以及其與內廷閹寺之黨派互相鉤結利用之隱微本末，始可以豁然通解，請略徵史實，以證論之。

《舊唐書・壹捌上・武宗紀》會昌四年末載宰相李德裕之言（參考《新唐書・肆肆・選舉志》，又《唐語林・壹・言語類》李太尉德裕未出學院條，謂德裕父吉甫勸勉德裕應舉及玉泉子李德裕以已非科第條所言，恐皆不可信）云：

> 臣無名第，不合言進士之非。然臣祖（李栖筠）天寶末以仕進無他歧，勉強隨計，一舉登第，自後不於家置文選，蓋惡其祖尚浮華，不根藝實。然朝廷顯官須是公卿子弟，何者？自

小便習舉業，目熟朝廷間事，臺閣儀範班行準則不教而自成，寒士縱有出人之才，登第之後始得一班一級，固不能熟習也。

《新唐書・肆肆・選舉志》（參考《舊唐書・壹柒參・鄭覃傳》、王定保摭言壹散序進士條等）略云：

文宗好學嗜古，鄭覃以經術位宰相，深嫉進士浮薄，屢請罷之。文宗曰：「敦厚浮薄，色色有之。進士科取人二百年矣，不可遽廢。」因得不罷。武宗即位，宰相李德裕尤惡進士。初舉人既及第，綴行通名，詣主司第謝，又有曲江會題名席。至是德裕奏：「國家設科取士，而附黨背公，自為門生，自今一見有司而止，其期集參謁曲江題名皆罷。」

《舊唐書・壹柒肆・李德裕傳》（《新唐書・壹捌拾・李德裕傳》同，又參考玉泉子李衛公以己非科第條）略云：

李德裕，趙郡人，祖栖筠御史大夫，父吉甫趙國公。元和初宰相，德裕苦心力學，尤精《西漢書》、《左氏春秋》，恥與諸生同鄉賦，不喜科試。

《新唐書・壹陸參・柳公綽傳附仲郢傳》云：

知吏部銓，〔李〕德裕頗抑進士科，仲郢無所徇，是時以進士選，無受惡官者。

《舊唐書・壹柒參・鄭覃傳》（《新唐書・壹陸伍・鄭詢瑜傳附覃傳》同）略云：

鄭覃（滎陽人），故相珣瑜之子，以父蔭補弘文校理。覃長於經學，稽古守正，帝（文宗）尤重之。覃從容奏曰：「經籍訛謬，博士相沿，難為改正，請召宿儒奧學，校定六籍，準後漢故事，勒石於太學，永代作則，以正其闕。」從之。〔大和〕五年李宗閔、牛僧孺輔政，宗閔以覃與李德裕相善，薄之，奏罷〔覃翰林〕侍講學士。文宗好經義，心頗思之，六年二月復召為侍講學士。七年春李德裕作相，以覃為御史大夫。文宗嘗於延英謂宰相曰：「殷侑通經學，頗似鄭覃。」宗閔曰：「覃侑誠有經學，於議論不足聽覽。」李德裕對曰：「覃嘗嫉人朋黨，為宗閔所薄故也。」八年德裕罷相，宗閔復知政，與李訓、鄭注同排斥李德裕、李紳。二人貶黜，覃亦左授祕書監。九年六月楊虞卿、李宗閔得罪長流，復以覃為刑部尚書，遷尚書右僕射。訓、注伏誅，以本官同平章事。覃雖精經義，不能為文，嫉進士浮華。開成初奏：禮部貢院宜罷進士科。初紫宸對上（文宗）語及選士，覃曰：「南北朝多用文華，所以不治。士以才堪即用，何必文辭？」帝曰：「進士及第人已曾為州縣官者，方鎮奏署，即可之，餘即否。」覃曰：「此科率多輕薄，不必盡用。」帝曰：「輕薄敦厚，色色有之，未必獨在進士。此科置已二百年，亦不可遽改。」覃曰：「亦不可過有崇樹。」上嘗於延英論古今詩句工拙。覃曰：「近代陳後主、隋煬帝皆能章句，不知王者大端，終有季年之失。章句小道，願陛下不取也。」（開成）四年罷相。武宗即位，李德裕用事，欲援為宰相，固以足疾不任朝謁（辭）。會昌二年致仕，卒。覃位至相國，所居纔庇風雨，家無媵妾，人皆仰其素風。女孫適崔皋，官纔九品衛佐，帝重其不婚權家。（此十八字《新傳》之文）

《唐語林・貳・文學類》云：

文宗皇帝曾製詩以示鄭覃。覃奏曰：「乞留聖慮於萬幾，天下仰望。」文宗不悅。覃出，復示李宗閔。嘆伏不已，一句一拜，受而出之。上笑謂之曰：「勿令適來阿父子見之！」

寅恪案：趙郡李氏、滎陽鄭氏俱是北朝數百年來顯著之士族，實可以代表唐代士大夫中主要之一派者。而德裕及覃父子又世為宰相，其社會歷史之背景既無不相同，宜其共結一

黨，深惡進士之科也。文選爲李氏所鄙視，石經爲鄭覃所建刊，其學術趣向殆有關家世遺傳，不可僅以個人之偶然好惡爲解釋。否則李文饒固有唐一代不屬於復古派之文雄，何以亦薄文選之書？推究其故，豈不以「熟精文選理」乃進士詞科之人即高宗、武后以後新興階級之所致力，實與山東舊族以經術禮法爲其家學門風者迥然殊異，不能相容耶？南北朝社會以婚宦二端判別人物流品之高下，唐代猶承其風習而不改，此治史者所共知。茲更舉關於鄭覃之一事，以補證《新唐書》所紀其不婚當世權門而重舊日士族之一節如下：

《太平廣記・壹捌肆・氏族類》莊恪太子妃條（《新唐書・壹柒貳・杜兼傳附中立傳》云：

> 開成初文宗以真源、臨真二公主降士族，謂宰相曰：「民間修婚姻，不計官品，而尚閥閱。我家二百年天子，顧不及崔盧耶？詔宗正卿取世家子以聞！」

寅恪案：中立固出名家，但尚主與納妃微有不同，故附記於此，以供參證）云：

> 文宗為莊恪太子選妃，朝臣家□子女者，悉被進名，士庶為之不安。帝知之，謂宰臣者曰：「朕欲為太子婚娶，本求汝鄭門衣冠子女為新婚。聞在外朝臣皆不願共朕作情親，何也？朕

是數百年衣冠，無何神堯打家何羅去。」因罷其選。（原注：出《盧氏雜説》。寅恪案：《唐語林・肆・企羨類》亦引《盧氏雜説》此條，但作「打朕家事羅訶去」。）

寅恪案：此條所載文宗語末句頗不易解，姑從闕疑。據《舊唐書・壹柒伍・莊恪太子永傳》（《新唐書・捌貳・莊恪太子永傳》同），魯王永以文宗大和六年十月冊爲皇太子，開成三年十月薨，又據《新唐書・陸參・宰相表》（《舊唐書》壹參《新唐書》捌〈文宗紀〉及《兩唐書・鄭覃傳》俱同），鄭覃以大和九年十一月至開成四年五月之時間任宰相之職，而自大和六年十月至開成三年十月即魯王永爲皇太子期間，宰相中覃之外，別無鄭姓者。故知文宗「汝鄭門」之語專對覃而言者也。依覃之意，李唐數百年天子之家尚不及山東舊門九品衛佐之崔氏，然則唐代山東士族心目中社會價値之高下估計亦可想見矣。又唐代皇室本出自宇文泰所創建之關隴胡漢集團，即朱元晦所謂「源流出於夷狄，故閨門失禮之事不以爲異」者（上篇之首已引），固應與山東士族之以禮法爲門風者大有不同。及漢化程度極深之後，與舊日士族比較，自覺相形見絀，益動企羨攀仰之念。然貴爲天子，終不能競勝山東舊族之九品衛佐，於此可見當日山東舊族之高自標置，並非無因也。

至李唐皇室與山東士族之關係亦有可略言者。考唐室累代其初對於山東舊族本持壓抑政策，如《新唐書・玖伍・高儉傳》（參考《舊唐書・陸伍・高士廉傳》、《唐會要》・參陸氏族條、《貞觀政要．柒．禮樂》篇貞觀六年謂房玄齡條、《舊唐書》柒捌《新唐書》壹佰肆〈張行成傳〉、《舊唐書》捌貳《新唐書》貳貳參〈姦臣傳上．李義府傳〉、《通鑑》壹玖伍貞觀十二年正月條、《太平廣記．壹捌肆．氏族類》七姓條等）略云：

初太宗嘗以山東士人尚閥閱，後雖衰，子孫猶負世望，由是詔士廉責天下譜牒，參考史傳，檢正真偽，合二百九十三姓千六百五十一家為九等，號曰《氏族志》，而崔幹仍居第一。帝曰：「我於崔、盧、李、鄭無嫌，顧其世衰，猶恃舊，不解人間何為貴之？朕以今日冠冕為等級高下。」遂以崔幹為第三姓（姓舊傳作等），班其書天下。高宗時，許敬宗以不敘武后世，李義府恥其家無名，更刊定之，裁廣類例。帝（高宗）自敘所以然，各以品位敘之，凡九等，改為《姓氏錄》。當時軍功入五品者，皆升譜限，縉紳恥焉，目為「勳格」。義府奏：悉索《氏族志》，燒之。先是，後魏太和中定四海望族，以〔李〕寶等為冠。其後矜尚門地，故《氏族志》一切降之。王妃主婿皆取當世勳貴名臣家，未嘗尚山東舊族（**寅恪案：此爲唐初情狀，後來不如是也**）。後房玄齡、魏徵、李勣復與昏，故望不減。

又《國史補》上（參考《太平廣記．壹捌肆．氏族類》）略云：

李積，酒泉公義俠姪孫，門戶第一，有清名，官至司封郎中懷州刺史。嘗以為爵位不如族望，與人書札唯稱「隴西李積」而不銜。

又《通鑑》貳肆捌大中二年十二月萬壽公主適鄭顥條云：

顥弟顗嘗得危疾，上遣使視之。還，問（萬壽）公主何在？曰在慈恩寺戲場。上（宣宗）怒嘆曰：「我怪士大夫家不欲與我為昏，良有以也。」亟命召公主入宮，立之階下，不之視，公主懼，涕泣謝罪。上責之曰：「豈有小郎病，不往省視，乃觀戲乎？」遣歸鄭氏。由是終上之世，貴戚皆兢兢守禮法，如山東衣冠之族。

又《東觀奏記》上（參《唐語林》柒補遺萬壽公主宣宗之女條、《新唐書・壹壹玖・白居易傳附敏中傳》）略云：

萬壽公主，上（宣帝）之女，將嫁，命擇良婿。鄭顥，相門子（**寅恪案：顥之祖絪憲宗朝宰相**），首科及第，聲名籍甚，待昏盧氏。宰臣白敏中奏選尚，顥深銜之。大中五年敏中免相為邠寧行營都統，行有日，奏曰：「顥不樂國姻，銜臣入骨，臣在中書，顥無如臣何，一去玉階，必媒蘖臣短，死無日矣。」

寅恪案：前言山東士族之所以興起，實用儒素德業以自矜異，而不因官祿高厚見重於人。降及唐代，歷年雖久，而其家風禮法尚有未盡淪替者。故貞觀天子欽定《氏族志》，雖可以降抑博陵崔氏第二房鬱後之崔幹爲第三等（見《新唐書・柒貳下・宰相世系表》崔氏條及《舊唐書》陸拾《新唐書》柒捌〈淮安王神通傳〉），而開成皇帝不能禁其宰相之寧以女孫適九品衛佐之崔皐（皐之家世未及詳考，然其爲「七姓」之一，則無可疑也），而不願其家人爲皇太子妃。至大中朝藉皇室之勢，奪婚盧氏，其後君臣翁婿卒皆以此爲深恨，又何足怪哉！帝王之大權不及社會之潛力，此類之事即其一例，然非求之數百年往日背景，不易解釋也。

既明乎此，則牛李（德裕）黨派分野界畫之所在，始可得而言。《唐語林・參・識鑑類》（參考《南部新書》丁）云：

陳夷行、鄭覃請經術孤立者進用，李珏與楊嗣復論地胄詞彩者居先，每延英議政多異同，卒無成效，但寄之頰舌而已。

蓋陳鄭爲李（德裕）黨，李楊爲牛黨，經術乃兩晉、北朝以來山東士族傳統之舊家學，詞彩則高宗、武后之後崛興階級之新工具。至孤立地冑之分別，乃因唐代自進士科新興階級成立後，其政治社會之地位逐漸擴大，馴致舊日山東士族如崔皐之家，轉成孤寒之族。若李（珏）楊之流雖號稱士族，即使俱非依託，但舊習門風淪替殆盡，論其實質，亦與高宗、武后由進士詞科進身之新興階級無異。迨其拔起寒微之後，用科舉座主門生及同門等關係，勾結朋黨，互相援助，如楊於陵、嗣復及楊虞卿、汝士等，一門父子兄弟俱以進士起家，致身通顯（見《舊唐書》壹陸肆《新唐書》壹陸參〈楊於陵傳〉、《舊唐書》壹柒陸《新唐書》壹柒肆〈楊嗣復傳〉、《舊唐書》壹柒陸《新唐書》壹柒〈伍楊虞卿傳〉及《南部新書》己大和中人指楊虞卿宅南亭子爲行中書條等），轉成世家名族，遂不得不崇尚地冑，以鞏固其新貴黨類之門閥，而拔引孤寒之美德高名翻讓與山東舊族之李德裕矣（見《摭言・柒・好放孤寒門》李太尉德裕頗爲寒畯開路條及《唐語林》柒補遺李衛公頗升寒素條等），斯亦數百年間之一大世變也，請略徵舊籍，證明於下：

《摭言》參慈恩寺題名遊賞賦詠雜記條（略見上引《新唐書・選舉志》）略云：

進士題名，自神龍之後，過關宴後皆集會於慈恩塔下題名。會昌三年贊皇公（李德裕）為上相，其年十二月中書覆奏：「奉宣旨，不欲令及第進士呼有司為座主，趨赴其門，兼題名局席等條疏進來者。伏以國家設文學之科，求貞正之士，所宜行敦風俗，義本君親，然後申於朝廷，必為國器，豈可懷賞拔之私惠，忘教化之根源，自謂門生，遂成膠固。所以時風寖薄，臣節何施，樹黨背公，靡不由此。臣等商量今日已後，進士及第，任一度參見有司，向後不得聚集參謁，及於有司宅置宴。其曲江大會朝官及題名局席並望勒停。」奉敕：「宜依！」

於是向之題名各盡削去。蓋贊皇公不由科第，故設法以排之，洎公失意，悉復舊態。

《玉泉子》云：

李相德裕抑退浮薄，獎拔孤寒。於時朝貴朋黨，德裕破之，由是結怨，而絕於附會，門無賓客。

《舊唐書・壹捌下・宣宗紀》大中三年九月貶李德裕為崖州司戶參軍制云：

誣貞良造朋黨之名。

據此，李德裕所謂朋黨，即指新興階級浮薄之士藉進士科舉制度座主門生同門等關係締結之牛黨也。

或疑《通鑑》貳參捌元和七年春正月條（《新唐書・壹陸貳・許孟容傳附季同傳》同），載京兆尹元義方爲鄜坊觀察使事略云：

> 義方入謝，因言李絳私其同年許季同，除京兆少尹，出臣鄜坊。明日上以詰絳曰：「人於同年固有情乎？」對曰：「同年乃九州四海之人偶同科第，或登科然後相識，情於何有？」

則似科舉制度與結黨無關者。但詳考之，知《通鑑》此條及《新唐書・許孟容傳》俱採自《李相國論事集》，其書專詆李吉甫，固出於牛黨之手，其所言同年無情，乃牛黨強自辯護之詞，殊非實狀也。夫唐代科舉制度下座主門生及同年或同門關係之密切原爲顯著之事，可不詳論，茲僅舉三數例於下，亦足以爲證明也。

《舊唐書・壹壹柒・韋保衡傳》（《新唐書・壹捌肆・路巖傳附韋保衡傳》同）云：

> 保衡恃恩權，素所不悦者，必加排斥。王鐸貢舉之師，蕭遘同門生，以素薄其為人，皆擯斥之。

寅恪案：史所書保衡之惡，依當時習慣言，乃一破例。此正可以反證當日座主門生以及同年或同門之間互相援助之常態也。

《白氏長慶集・壹陸・重題〔草堂東壁〕七律四首》之四云：

宦途自此心長別，世事從今口不言。豈止形骸同土木，兼將壽夭任乾坤。胸中壯氣猶須遣，身外浮榮何足論！還有一條遺恨事，高家門館未酬恩。

寅恪案：白樂天此詩自言已外形骸，了生死，而猶惓惓於座主高郢之深恩未報，斯不獨香山居士一人之篤於恩舊者爲然，凡苟非韋保衡之薄行寡情者，莫不如是。此實可爲唐代門生對座主關係密切之一例證也。

《獨異志》（參《唐語林・肆・賢媛類》）云：

崔羣為相，清名甚重，元和〔中〕自中書舍人知貢舉，既罷，夫人李氏嘗勸其樹莊田，以為子孫之業。笑答曰：「余有三十所美莊良田，遍在天下，夫人何憂？」夫人曰：「不聞君有此業。」群曰：「吾前年放春榜三十人，豈非美田耶？」夫人曰：「若然者，君非陸贄相門生乎？然往年君掌文柄，使人約其子簡禮，不令就春闈之試。如以為良田，則陸氏一莊荒矣！」群慚而退，累日不食。

寅恪案：座主以門生爲莊田，則其施恩望報之意顯然可知。此唐代座主對於門生關係密切之一例證也。

《舊唐書・壹柒陸・楊嗣復傳》（《新唐書・壹柒肆・楊嗣復傳》不載同門結黨之由，不及《舊傳》之得其實，又《舊唐書・壹柒陸・李宗閔傳》可與參證）云：

嗣復與牛僧孺、李宗閔皆權德與貢舉門生，情誼相得，進退取捨多與之同。

寅恪案：史言牛派鉅子以同門之故，遂結爲死黨。此唐代科舉同門關係之一例證也。

復次，唐代貢舉名目雖多，大要可分爲進士及明經二科。進士科主文詞，高宗、武后以後之新學也；明經科專經術，兩晉、北朝以來之舊學也。究其所學之殊，實由門族之異。故觀唐代自高宗、武后以後朝廷及民間重進士而輕明經之記載，則知代表此二科之不同社會階級在此三百年間升沉轉變之概狀矣。其記載略綠於下：

《康駢劇談錄》（參《唐語林》陸補遺）云：

元和中，李賀善為歌篇，為韓愈深所知，重於縉紳。時元稹年少，以明經擢第，亦攻篇什，常交結於賀，日執贄造門，賀覽刺，不答遽入。僕者謂曰：「明經及第，何事看李賀？」稹慚恨而退。其後〔稹〕以制策登科，及為禮部郎中，因議賀祖（祖當作父）諱晉〔肅〕，不合應〔進士〕舉，賀遂致轗軻。韓愈惜其才，為著諱辯明之，竟不成名。

寅恪案：《劇談錄》所紀多所疏誤，自不待論。但據此故事之造成，可推見當時社會重進士輕明經之情狀，故以通性之眞實言之，仍不失爲珍貴之社會史料也。

《東觀奏記》上（參《新唐書・壹捌貳・李珏傳》及《唐語林・參・識鑑類》）略云：

李珏，趙郡贊皇人，早孤，居淮陰，舉明經。李絳為華州刺史，一見謂之曰：「日角珠庭，非常人也，當掇進士科。明經碌碌，非子發跡之路。」一舉不第，應進士〔舉〕，許孟容為宗伯，擢居進士。

《新唐書・壹捌參・崔彥昭傳》云：

〔彥昭〕與王凝外昆弟也，凝大中初先顯，而彥昭未仕，嘗見凝，凝倨不冠帶，慢言曰：

「不若從明經舉。」彥昭為憾。至是凝為兵部侍郎，母聞彥昭相，敕婢多製履襪，曰：「王氏妹必與子皆逐，吾將共行。」彥昭聞之，泣且拜，不敢為怨，而凝竟免。（**寅恪案：此採自尉遲偓《中朝故事》**。）

《摭言・散序・進士門》云：

其艱難謂之三十老明經，五十少進士。

據上諸條，進士、明經二科在唐代社會其價値之高下，可以推知，不待廣引也。又唐代社會於此二科之評價，有高下之殊，亦由當時政治之關係所致，蓋朝廷與民衆二者互相影響也。如《唐語林・肆・企羨類》略云：

薛元超謂所親曰：「吾不才，富貴過人，平生有三恨：始不以進士擢第。」

寅恪案：上篇引《通典・壹伍・選舉典參》所載沈既濟之言，謂進士科之特見尊重，實始於高宗、武后時。薛元超爲高宗朝晚年宰相，是與沈氏之語適合也。

《新唐書・肆肆・選舉志》（《摭言・參・慈恩寺題名遊賞賦詠雜志》條同，又《新志》此條前已徵引，今爲解釋便利之故，復節錄數語於此）略云：

武宗即位，李德裕為宰相，尤惡進士。至是德裕奏：「國家設科取士，而附黨背公，自為門生，自今一見有司而止，其期集參謁曲江題名皆罷。」

《舊唐書・壹捌下・宣宗紀》大中元年二月丁酉禮部侍郎魏扶奏臣今年所放進士三十三人條略云：

帝（宣宗）雅好儒士，留心貢舉，有時微行人間，採聽輿論，以觀選士之得失。又敕：「自今進士放榜後，杏園任依舊宴集，有司不得禁制！」

寅恪案：宣宗朝政事事與武宗朝相反，進士科之好惡崇抑乃其一端，而此點亦即牛李二黨進退榮辱之表徵也。請更取證於下列史料：

《唐語林・肆・企羨類》（參《說郛・柒參・引盧氏雜說》）云：

宣宗愛羨進士，每對朝臣，問登第否？有以科名對者，必有喜。便問所試詩賦題並主司姓名，或有人物優而不中者，必嘆息久之。嘗於禁中題「鄉貢士李道龍」**（寅恪案：可參同書同卷同類宣宗好儒條「殿柱自題曰：鄉貢進士李某」）**。

又同書同類（參《東觀奏記》上）略云：

宣宗尚文學，尤重科名。大中十年鄭顥知舉，宣宗索登科記，敕翰林：「今後放榜，仰寫及第人姓名及所試詩賦題目，仰所司逐年編次！」

夫大中一朝為純粹牛黨當政李黨在野之時期，宣宗之愛羨進士科至於此極，必非偶然也。

又張爾田先生《玉溪生年譜會箋》參大中二年下引沈曾植先生之言曰：

唐時牛李兩黨以科第而分，牛黨重科舉，李黨重門第。

寅恪案：乙盦先生近世通儒，宜有此卓識，其所謂「牛黨重科舉者」自指重進士科而言

也。或疑問曰：牛黨中以進士科出身者如李珏，則系出趙郡李氏（見前引《東觀奏記》上，並參《唐語林・參・識鑑類》及《舊唐書》壹捌貳〈李珏傳〉等），李宗閔則爲唐宗室，而鄭王元懿之四世孫（見《舊唐書》壹柒陸《新唐書》壹柒肆〈李宗閔傳〉及《新唐書・柒拾下・宗室世系表》小鄭元王房條等），至黨魁牛僧孺更是隋代達官兼名儒牛弘之八世孫，且承其賜田賜書之遺業。並以進士擢第者（見《舊唐書》壹柒貳《新唐書》壹柒肆〈牛僧孺傳〉及《唐文粹》陸伍李珏撰〈牛僧孺神道碑〉、杜牧《樊川集・柒・牛僧孺墓誌銘》等），然則牛黨鉅子俱是北朝以來之舊門及當代之宗室，而李黨之健者如陳夷行、李紳、李回、李讓夷之流復皆以進士擢第（見《舊唐書》壹柒參《新唐書》壹捌壹〈陳夷行傳〉、《舊唐書》壹柒參《新唐書》壹捌壹〈李紳傳〉、《舊唐書》壹柒參《新唐書》壹參壹〈李回傳〉、《舊唐書》壹柒陸《新唐書》壹捌壹〈李讓夷傳〉等），是李黨亦重進士之科，前所謂牛李黨派之分野在科舉與門第者，毋乃不能成立耶？應之曰：牛李兩黨既產生於同一時間，而地域又相錯雜，則其互受影響，自不能免，但此爲少數之特例，非原則之大概也。故互受影響一事可以不論，所可論者約有三端：一曰牛李兩黨之對立，其根本在兩晉、北朝以來山東士族與唐高宗、武則天之後由進士詞科進用之新興階級兩者互不相容，至於李唐皇室在開國初期以屬於關隴集團之故，雖與山東舊族頗無好感，及中葉以後山東舊族與新興階級生死競爭之際，遠支之宗室其政治社會之地位實已無大別於一般士族。如《新唐書・柒拾上・宗室世系表》所云：

唐有天下三百年，子孫蕃衍，可謂盛矣。其初皆有封爵，至其世遠親盡，則各隨其人賢愚，遂與異姓之臣雜而仕宦，至或流落於民間，甚可嘆也。

故對於此新舊兩統治階級之鬥爭，傳處於中立地位，既自可牛，此李宗閔之所以爲牛黨也，亦復可李，此李回之所以爲李黨也。二曰：凡山東舊族挺身而出，與新興階級作殊死鬥者，必其人之家族尚能保持舊有之特長，如前所言門風家學之類，若鄭覃者，即其一例也。亦有雖號爲山東舊門，而門風廢替，家學衰落，則此破落戶之與新興階級不獨無所分別，且更宜與之同化也。茲更舉數例以爲證明，而解疑惑焉。

《舊唐書・壹參陸・崔損傳》（《新唐書・壹陸柒・崔損傳》同）略云：

崔損，博陵人，高祖行功巳後名位卑替，大曆末進士擢第。户部尚書裴延齡素與損善，乃薦之於德宗，〔貞元〕十二年以本官（右諫議大夫）同中書門下平章事。〔損〕身居宰相，母野殯，不言展墓，不議遷祔，姊為尼，沒於近寺，終喪不臨，士君子罪之。

同書同卷〈盧邁傳〉（《新唐書・壹伍拾・盧邁傳》同）略云：

盧邁，范陽人，少以孝友謹厚稱，深為叔舅崔祐甫所親重，兩經及第，遷尚書右丞，〔貞元〕九年以本官同中書門下平章事。〔邁〕友愛恭儉，從父弟起為劍南西川判官，卒於成都，歸葬於洛陽，路由京師，邁奏請至城東，哭於其柩，許之。近代宰臣多自以為崇重，五服之親或不過從弔臨，而邁獨振薄俗，請臨弟喪，士君子是之。

同書壹捌捌〈孝友傳・崔沔傳〉（《新唐書・壹貳玖・崔沔傳》同，參《顏魯公文集・壹肆・博陵崔孝公宅陋室銘記》）略云：

崔沔，京兆長安人，自博陵徙關中，世為著姓。沔淳謹，口無二言，事親至孝，博學有文詞，母卒，哀毀逾禮。沔善禮經，朝廷每有疑義，皆取決焉。

同書壹壹玖〈崔祐甫傳〉（《新唐書・壹肆貳・崔祐甫傳》同）略云：

崔祐甫，父沔黃門侍郎，謚曰孝公。家以清儉禮法為士流之則。安祿山陷洛陽，士庶奔迸，祐甫獨崎危於矢石之間，潛入私廟，負木主以竄。常袞當國，非以辭賦登科者莫得進用（此語前已引），及祐甫代袞，薦延推舉，無復疑滯，日除十數人，作相未逾年凡除吏八百人，多稱允當。朱泚之亂，祐甫妻王氏陷賊中，泚以嘗與祐甫同列，雅重其為人，乃遺王氏繒帛菽粟，王氏受而緘封之。及德宗還京，具陳其狀以獻，士君子益重祐甫家法，宜其享令名也。

據此，知崔損雖與沔、祐甫同屬博陵崔氏，而一爲當世所鄙薄之「破落戶」，一爲禮法名家。盧邁既是祐甫之甥，其以孝友恭儉著稱，必受其父母兩系門風之薰習無疑。然則崔沔、祐甫、盧邁之流，乃眞山東舊族之代表，可與新興階級對壘相抗者也。又《舊唐書・壹玖・常袞傳》（《新唐書・壹伍拾・常袞傳》同）云：

天寶末舉進士，〔作相〕尤排擯非辭科登第者。

而祐甫代袞，用人不拘於進士，豈其意旨與李德裕、鄭覃所持之說亦有合歟？是前日常崔之異同，即後來牛李之爭執，讀史者不可不知其一貫之聯繫也。三曰：凡牛黨或新興階級所自稱之門閥多不可信也，如杜牧《樊川集・柒・牛僧孺墓誌銘》（參考《舊唐書》壹柒貳

《新唐書》壹柒肆〈牛僧孺傳〉及《唐文粹》伍陸李珏撰〈牛僧孺神道碑〉、《新唐書・伍柒上・宰相世系表》牛氏條等）云：

八代祖弘以德行儒行相隋氏，封奇章郡公，贈文安侯。文安後四世諱鳳及，仕唐為中書門下侍郎監修國史，於公為高祖。文安後五世集州刺史贈給事中諱休克，於公為曾祖。集州生太常博士贈太尉紹。太尉生華州鄭縣尉贈太保諱幼聞。太保生公，孤始七歲，長安下杜樊鄉東文安有隋氏賜田數頃，書千卷尚存。

寅恪案：《新唐書・柒伍上・宰相世系表》牛氏條與牧之文微有出入。牛弘仕隋，官至吏部尚書，迄未嘗一為宰相（見《隋書》肆玖《北史》柒貳〈牛弘傳〉），但《兩唐書・牛僧孺傳》皆謂弘爲僕射，似因此可稱「相隋」，考舊史弘傳止載弘卒後贈開府儀同三司光祿大夫，並未言贈僕射。又李珏撰〈牛僧孺神道碑〉雖亦言賜田等事，但無牛弘相隋之語，《通鑑》貳參柒元和三年夏四月條《胡注》則云：「牛弘相隋」，蓋承昔人之誤也。可詳考《通典・貳壹・職官典》參宰相條，茲不備論），殆以吏部尚書當天官冢宰之誤。然此等俱無關宏旨，可不深論。獨家有牛弘隋代賜田一事，似僧孺與弘之血統關係確鑿可信，但一取與此相類之事即僧孺同黨白居易、敏中兄弟家所謂前代先祖賜田者考之，則又不能不使人致疑於

新興階級之多所依託也。

《白氏長慶集·貳玖·襄州別駕府君事狀》云：

初高祖贈司空有功於北齊，詔賜莊宅各一區，在同州韓城縣，至今存焉。

此所謂有功於北齊之司空即白建也。據《北齊書·肆拾·白建傳》（《北史·伍伍·白建傳》略同）略云：

白建字彥舉，武平七年卒，贈司空。

是白建卒於北齊未亡以前。其生存時期，周齊二國東西並峙，互相爭競。建爲齊朝主兵之大臣，其所賜莊宅何得越在同州韓城，即仇讎敵國之內乎？其爲依託，不待辨說也。又《新唐書·柒伍下·宰相世系表》白氏條列白居易、敏中之先世云：

白建字彥舉，後周弘農郡守邵陵縣男。

此白建既字彥舉，與北齊主兵大臣之姓氏名字俱無差異，是即白香山所自承之祖先也。但其官則爲北周弘農郡守，與北齊贈司空之事絕不能相容，其間必有竄改附會，自無可疑。豈居易、敏中之先世賜田本屬於一後周姓白名某字某之弘農郡守，而其人卻是樂天兄弟眞正之祖宗，故其所賜莊宅能在後周境內，後來子孫遠攀異國之貴顯，遂致前代祖宗橫遭「李樹代桃」之阨耶？今雖難確定此一重公案，而新興階級所謂前代賜田之不能作絕對可信之物證，亦由是得以推知也。至白氏親舅甥之婚配（見近刊《羅貞松先生遺稿》），乃新興階級之陋習，宜其爲尊尚禮法門風之山東舊族所鄙薄。又白香山之違犯當時名教，坐不孝貶官，雖有政治性質，終亦與其門族淵源不無關係，但非茲篇所能旁及者矣。

復次，《舊唐書・壹柒貳・令狐楚傳》（《新唐書・壹陸陸・令狐楚傳》略同）云：

令狐楚自言國初十八學士德棻之後。

《新唐書・令狐楚傳》雖刪去「自言」二字，據其書柒伍下〈宰相世系表〉令狐氏條，楚實非出自德棻。然則舊傳「自言」之語固不應刪也。夫楚綯父子繼世宰相，尤爲牛黨之中堅，而其家世譜牒之有所依託，亦與白敏中相同。是牛黨或新興階級所自稱之門閥不足信賴，觀此可知也。

又就牛李黨派之分畫以進士科及舊門族爲標識一點尙有須注意者，即李栖筠在天寶末年已以仕進無他塗，不得不舉進士（見前引《舊唐書・武宗紀》中李德裕語），則貞元以後宰相多以翰林學士爲之，而翰林學士復出自進士詞科之高選，山東舊族苟欲致身通顯，自宜趨赴進士之科，此山東舊族所以多由進士出身，與新興階級同化，而新興階級復已累代貴仕，轉成喬木世臣之家矣。如楊收一門者可謂唐末五代間之世家也，觀《舊唐書・壹柒柒・楊收傳》所云：

楊收自言隋越公素之後。

論曰：「門非世胄，位以藝升。」

可爲一例。然唐末黃巢失敗後，朱全忠遂執統治之大權。凡藉進士詞科仕進之士大夫，不論其爲舊族或新門，俱目爲清流，而使同罹白馬之禍，斯又中古政治社會之一大變也（見《舊唐書・貳拾・哀帝紀》天佑二年四月癸巳敕文、壹壹參〈裴遵慶傳附樞傳〉及《新唐書・壹肆拾・裴遵慶傳附樞傳》等）。

又唐代新興之進士詞科階級異於山東之禮法舊門者，尤在其放浪不羈之風習。故唐之進士一科與倡伎文學有密切關係，孫棨《北里志》所載即是一證。又如韓偓以忠節著聞，其平生著述《中香奩》一集，淫豔之詞亦大抵應進士舉時所作（**寅恪案：此集冬郎自序中「大盜入關」之語實指黃巢陷長安而言。震鈞即唐晏作韓承旨年譜乃誤以大盜屬之朱全忠，遂解釋詩旨，多所附會，殊不可信也，以不在此篇範圍，故不詳辨**）。然則進士之科其中固多浮薄之士，李德裕、鄭覃之言殊無可厚非，而數百年社會階級之背景實與有關涉，抑又可知矣。

如牛黨之才人杜牧，實以放浪著稱。《唐語林》柒補遺所載杜牧少登第恃才喜酒色條，杜舍人牧恃才名頗縱酒色條，及其《樊川集》中〈遺懷七絕〉「十年一覺揚州夢，贏得青樓薄倖名」之句等皆是其證例。或疑其祖佑既爲宰相，而兼通儒，是其人乃名家之子弟，似不可列之新興階級中。但詳考其家世風習，則知佑之父希望實以邊將進用（見《新唐書・壹陸陸・杜佑傳》及《唐文粹》陸捌權德輿撰〈杜佑墓誌銘〉），雖亦號爲舊家，並非士大夫之勝流門族。《舊唐書・壹肆柒・杜佑傳》（《新唐書・壹陸陸・杜佑傳》同）云：

〔佑〕在淮南時，妻梁氏亡後，昇嬖妾李氏為正室，封密國夫人，親族子弟言之，不從，時論非之。（**寅恪案：權文公銘佑之墓，而不載李氏者，殆爲之諱恥？**）

又同書壹貳肆〈李正己傳附師古傳〉（《新唐書・貳壹參・藩鎮淄青李正己傳附師古傳》同）云：

〔貞元〕十五年正月，師古、杜佑、李欒妾媵並為國夫人。

又同書壹參伍〈李齊運傳〉（《新唐書・壹陸柒・李齊運傳》同）云：

末以妾衛氏為正室，身為禮部尚書冕服以行其禮，人士嗤誚。

又同書壹捌捌〈孝友傳・李日知傳〉（《新唐書・壹壹陸・李日知傳》同）略云：

〔日知〕卒後，少子伊衡以妾為妻，家風替矣。

夫杜氏既號稱舊門（見《新唐書・柒貳上・宰相世系表》杜氏條），而君卿所爲乃與胡族武人同科，在當時士論，至少亦有如李伊衡之「以妾爲妻，家風替矣」之嘆。若取較山東士族仍保持其閨門禮法者，固區以別矣。然則牧之以進士擢第，浮華放浪，投身牛黨，不獨其本人性質近似使然，亦其家世風習與新興階級符合所致，實可與前述博陵崔損事並論，蓋雖俱稱舊門，仍不妨列之新興階級中也（可取《兩唐書・杜佑傳附牧傳》與《唐語林》柒補遺杜牧少登第恃才喜酒色條附載牧子晦辭亦好色事互相參證。知其家風固習於浮薄，不同山東禮法舊門也）。

至於李商隱之出自新興階級，本應始終屬於牛黨，方合當時社會階級之道德，乃忽結婚李黨之王氏，以圖仕進。不僅牛黨目以放利背恩，恐李黨亦鄙其輕薄無操。斯義山所以雖秉負絕代之才，復經出入李牛之黨，而終於錦瑟年華惘然夢覺者歟？此五十載詞人之淒涼身世固極可哀傷，而數百年社會之壓迫氣流尤爲可畏者也（參《舊唐書・壹玖拾下・文苑傳》、《新唐書・貳佰參下・李商隱傳》）。

若柳仲郢處牛李二黨之間，則與義山不同，《舊唐書・壹陸伍・柳公綽傳附仲郢傳》（《新唐書・壹陸參・柳公綽傳附仲郢傳》同）略云：

〔公綽〕子仲郢，元和十三年進士擢第，牛僧孺鎮江夏，辟為從事。仲郢有父風，動修禮法。僧孺嘆曰：「非積習名教，安能及此？」〔後李〕德裕奏為京兆尹，謝日言曰：「下官不期太尉恩獎及此！仰報厚德，敢不如奇章門館。」德裕不以為嫌。仲郢嚴禮法，重氣義，嘗感李德裕之知。大中朝，李氏無祿仕者，仲郢領鹽鐵時，取德裕兄子從質知蘇州院事，令以祿利贍南宅。令狐綯為宰相，頗不悦。仲郢與綯書自明，綯深感嘆，尋與從質正員官。仲郢以禮法自持，私居未嘗不拱手，內齋未嘗不束帶。三為大鎮，廐無名馬，衣不薰香，退公布卷，不捨晝夜。子玭嘗著書誡其子弟。初公綽理家甚嚴，子弟克稟誡訓，言家法者世稱柳氏云。

考柳氏雖是舊門，然非山東冠族七姓之一，公綽、仲郢父子所出，亦非柳氏顯著之房望（見《新唐書・柒參上・宰相世系表》柳氏條），獨家風修整，行誼敦篤，雖以進士詞科仕進（公綽舉賢良方正直言極諫科），受牛僧孺之知獎，自可謂之牛黨，然終用家門及本身之儒素德業，得見諒於尊尙門風家學之山東舊族李德裕，故能置身牛李恩怨之外，致位通顯，較李商隱之見棄於兩黨，進退維谷者，誠相懸遠矣。君子讀史見玉溪生與其東川府主升沈榮悴之所由判，深有感於士之自處，雖外來之世變縱極紛歧，而內行之修謹益不可或闕也。

牛李黨派之社會背景及其分野界畫既略闡明，其朝政競爭勝敗進退之史實始易於解釋。前論唐代中央政變皇位繼承不固定之事跡至德順之間而止，茲請續述順憲間永貞內禪隱祕之內容。但因永貞內禪爲內廷閹寺與外朝士大夫黨派勾結之一顯著事例，而牛李黨派實又起於憲宗元和時之故，此後即取內外朝之黨派與皇位繼承二事合併言之。所以然者，不僅爲紀述便利計，亦因此二事原有內在之關聯性，不得分隔論之也。

關於永貞內禪之隱祕，寅恪已於拙著〈順宗實錄與續玄怪錄〉專論之（載《北京大學四十週年紀念論文甲編》）。故茲於順宗實錄避免繁冗，僅錄其條目，而略其原文，別更節寫其他關於此事者於韓書之後，以供參證焉。

韓愈《順宗實錄》壹之：

〔王〕伾以〔王〕叔文意入言於宦者李忠言，稱詔宣下條。

同書參之：

叔文欲帶翰林學士，宦者俱文珍等惡其專權，削去翰林之職條。

同書肆之：

天下事皆專斷於叔文，而王伾、李忠言為之內主，〔韋〕執誼執行於外，而中官劉光琦、俱文珍、薛盈珍、尚解玉者皆先朝任使舊人同心猜怨條。

同書伍之：

叔文入至翰林，伾入至柿林院，見李忠言、牛昭容條。

《新唐書・貳佰柒・宦者傳上・劉貞亮即俱文珍傳》（《舊唐書・壹捌肆・宦官傳・俱文珍傳》同）略云：

貞元末宦人領兵，附者益眾。會順宗立，淹瘖弗能朝，惟〔宦者〕李忠言、牛美人侍。美人以帝旨付忠言，忠言授王叔文，叔文與柳宗元等裁定，然後下中書，然未得縱，欲遂奪神策兵以自強，即用范希朝為京西禁軍都將，收宦者權。而忠言素懦謹，每見叔文，與論事，無敢異同。唯貞亮乃與之爭，又惡朋黨熾結，因與中人劉光琦、薛文珍、尚衍解玉、呂如全等同勸帝立廣陵王為太子監國，帝納其奏。元和八年卒，憲宗思其翊戴之功，贈開府儀同三司。（此十五字舊傳之文。）

《舊唐書・壹伍玖・路隨傳》（《新唐書・壹肆貳・路隨傳》同）略云：

初韓愈撰《順宗實錄》，説禁中事頗切直，內官惡之，往往於上前言其不實，累朝有詔修改。及隨進《憲宗實錄》，文宗復令改正永貞時事。隨奏曰：「伏望條示舊記最錯誤者，宣付史官，委之修定。」詔曰：「其《實錄》中所書德宗、順宗朝禁中事宜，令史官詳正刊去，其他不要更修！」

寅恪案：憲宗之得立爲帝，實由宦者俱文珍等之力。文珍與其同類李忠言異趣，故內廷文珍之黨競勝，王伾、王叔文固不待論，而外廷之士大夫韋執誼、劉禹錫、柳宗元等遂亦不得不退敗矣。

韓退之本與文珍有連（見《昌黎外集・參・送俱文珍序》及王鳴盛《蛾術編》伍柒），其述永貞內禪事，頗袒文珍等。其公允之程度雖有可議，而其紀內廷宦官之非屬一黨及壓迫順宗擁立憲宗之隱祕轉可信賴。惟其如此，後來閹寺深不欲外人窺知，所以屢圖毀滅此禁中政變之史料也。劉禹錫《夢得外集・玖・子劉子自傳》述永貞內禪事云：

時太上（順宗）久寢疾，宰臣用事者都不得召對，而宮掖事祕，建桓立順，功歸貴臣。

夢得在當時政治上與退之處於反對地位者（觀《昌黎集・壹・赴江陵途中》詩「同官盡才俊，偏善柳與劉，或慮言語洩，傳之落冤讎」等語。又參〈永貞行〉及〈憶昨行〉詩「伾文未揃崖州熾，雖得赦宥恆愁猜」之句，可以爲證，其詳不能於此言之也），而所言禁中事亦與退之相同。然則韓劉之述作皆當時俱文珍一黨把持宮掖脅迫病君擁立皇子之實錄，而永貞內禪乃唐代皇位繼承之不固定及內廷閹寺黨派影響於外朝士大夫之顯著事例也。

又《舊唐書・壹伍玖・崔羣傳》（《新唐書・壹陸伍・崔羣傳》同）云：

群臣議上尊號，皇甫鎛欲加「孝德」二字。羣曰：有「睿聖」，則「孝德」在其中矣。竟為鎛所搆，憲宗不樂，出為湖南觀察都團練使。

寅恪案：皇甫鎛以靳惜「孝德」二字搆崔羣，憲宗竟信其語，因之不樂而出群。據此，憲宗之於其父，似內有慚德也。然則永貞內禪一役必有隱祕不能昌言者，從可知矣。

牛李黨派之爭起於憲宗之世，憲宗爲唐室中興英主，其爲政宗旨在矯正大曆、貞元姑息苟安之積習，即用武力削平藩鎮，重振中央政府之威望。當時主張用兵之士大夫大抵屬於後來所謂李黨，反對用兵之士大夫則多爲李吉甫之政敵，即後來所謂牛黨。而主持用兵之內廷閹寺一派又與外朝之李黨互相呼應，自不待言。是以元和一朝此主用兵派之閹寺始終柄權，用兵之政策因得以維持不改。及內廷閹寺黨派競爭既烈，憲宗爲別一反對派之閹寺所弒，穆宗因此輩弒逆徒黨之擁立而即帝位，於是「銷兵」之議行，而朝局大變矣（後來牛李二黨魁維州之異同與此點亦有關，不僅由僧孺之嫉功也。可參考《舊唐書》壹柒貳《新唐書》壹柒肆〈牛僧孺傳〉及《唐文粹》伍陸李珏撰〈牛僧孺神道碑〉、杜牧《樊川集．柒．牛僧孺墓誌銘》，而《通鑑》貳肆柒會昌三年三月條司馬光之論及胡三省之注尤可注意也）。

《舊唐書．壹捌肆．宦官傳．吐突承璀傳》（《新唐書．貳佰柒．宦者傳上．吐突承璀傳》同）略云：

吐突承璀幼以黃門直東宮，憲宗即位，授內常侍，知內侍省事，俄授左軍中尉。（元和）四年王承宗叛，詔以承璀為河中等道赴鎮州行營兵馬招討等使。諫官上疏相屬，皆言：「自古無中貴人為兵馬統帥者」，憲宗不獲已，改為充鎮州已東招撫處置等使。出師經年無功，承璀班師，仍為禁軍中尉。段子仲抗疏，極論承璀輕謀弊賦，請斬之以謝天下。憲宗不獲已，降為軍器使，俄復為左衛上將軍知內侍省事，出為淮南節度監軍使，上待承璀之意未已，而宰相李絳在翰林時數論承璀之過，故出之。八年欲召承璀還，乃罷絳相位，承璀還復為神策中尉。惠昭太子薨，承璀建議請立澧王寬為太子，憲宗不納，立遂王宥。穆宗即位，銜承璀不佑已，誅之。

同書壹陸肆〈李絳傳〉（《新唐書．壹伍貳．李絳傳》多採《李相國論事集》，可參讀）云：

吐突承璀恩寵莫二，是歲（元和六年）將用絳為宰相，前一日出承璀為淮南監軍，翌日降制，以絳為中書侍郎同中書門下平章事。同列李吉甫便僻善逢迎上意，絳梗直多所規諫，故與吉甫不協，時議者以吉甫通於承璀，故絳尤惡之。

同書壹肆捌〈李吉甫傳〉（《新唐書・壹肆陸・李栖筠傳附吉甫傳》同）云：

劉闢反，帝（憲宗）命誅討之，計未決，吉甫密贊其謀，兼請廣徵江淮之師，由三峽路入，以分蜀寇之力，事皆允從，由是甚見親信。淮西節度使吳少陽卒，其子元濟請襲父位，吉甫以淮西內地，不同河朔，且四境無黨援，國家常宿數十萬兵以為守禦，宜因時而取之，頗叶上旨，始為經度淮西之謀。

《新唐書・貳佰壹・文藝傳上・元萬頃傳附義方傳》（《通鑑》貳參捌元和七年正月辛未條同）云：

歷虢商二州刺史福建觀察使，中官吐突承璀閩人也，義方用其親屬為右職，李吉甫再當國，陰欲承璀奧助，即召義方為京兆尹。（寅恪案：《新唐書》及《通鑑》俱採自《李相國論事集》。）

寅恪案：憲宗與吐突承璀之關係可謂密切矣。故元和朝用兵之政策必爲在內廷神策中尉吐突承璀所主持，而在外朝贊成用兵之宰相李吉甫其與承璀有連，殊不足異也。至《舊唐書・壹參柒・呂渭傳附溫傳》（《新唐書・壹陸拾・呂渭傳附溫傳》同）云：

〔元和〕三年吉甫為中官所惡，將出鎮揚州，溫欲乘其有間，傾之。

其所謂中官疑是宦官中之別一黨派，與吐突承璀處於反對之地位者也。《舊唐書・壹陸柒・李逢吉傳》（《新唐書・壹柒肆・李逢吉傳》同，並參《舊唐書》壹柒貳《新唐書》壹陸陸〈令狐楚傳〉）云：

時用兵討淮蔡，憲宗以兵機委裴度。逢吉慮其成功，密沮之，繇是相惡。及度親征，學士令狐楚為度制辭，言不合旨。楚與逢吉相善，帝皆黜之，罷楚學士，罷逢吉政事。

同書壹柒拾〈裴度傳〉（《新唐書・壹柒參・裴度傳》同，並參《舊唐書》壹柒貳、《新唐書》壹佰壹〈蕭踽傳附俛傳〉、《舊唐書》壹陸捌《新唐書》壹柒柒〈錢徽傳〉等）云：

先是詔群臣各獻誅吳元濟可否之狀，朝臣多言罷兵赦罪為便，翰林學士錢徽蕭俛語尤切。唯度言：賊不可赦。

寅恪案：元和廷議用兵淮蔡之時，憲宗總持於上，吐突承璀之流主張於內，而外朝士大夫持論雖有異同，然其初未必遽有社會階級之背景存乎其間也。不意與吐突承璀交結贊助用兵出自山東舊門之外廷宰相李吉甫，其個人適爲新興階級之急進派牛僧孺等所痛詆，竟釀成互相報復之行動。夫兩派既勢不並立，自然各就其氣類所近招求同黨，於是兩種不同社會階級爭取政治地位之競爭，遂因此表面形式化矣。及其後鬥爭之程度隨時間之久長逐漸增劇，當日士大夫縱欲置身於局外之中立，亦幾不可能。如牛黨白居易之以消極被容（樂天幸生世較早耳，若升朝更晚，恐亦難倖免也），柳仲郢之以行誼見諒，可謂例外。其餘之人若無固定顯明之表示，如出入牛李未能始終屬於一黨之李商隱，則卒爲兩黨所俱不收，而「名宦不進，坎壈終身」（《舊唐書・壹玖拾下・文苑傳下・李商隱傳》語）。此點爲研究唐代中晚之際士大夫身世之最要關鍵，甚不可忽略者也。

《舊唐書・壹柒陸・李宗閔傳》（《新唐書・壹柒肆・李宗閔傳》同，並參考《新唐書・壹柒肆・牛僧孺傳》、《舊唐書》壹肆捌《新唐書》壹陸玖〈裴垍傳〉、《舊唐書》壹伍捌《新唐書》壹陸玖〈韋貫之傳〉、《舊唐書》壹陸肆《新唐書》壹陸參〈楊於陵傳〉、《舊唐書》壹陸玖《新唐書》壹柒玖〈王涯傳〉、《舊唐書・壹肆・憲宗紀》下元和三年夏四月條、《通鑑》貳參柒元和三年四月條等）云：

李宗閔，宗室鄭元懿之後，貞元二十一年進士第，元和四年（**寅恪案：四年當作三年**）復登制舉賢良方正科。初宗閔與牛僧孺同年登進士第，又與僧孺同年登制科。應制之歲，李吉甫為宰相當國，宗閔、僧孺對策指切時政之失，言甚鯁直，無所迴避。考策官楊於陵、韋貫之、李益等又第其策，為中等，又為不中第者注解牛李策語，同為唱誹。又言：翰林學士王涯甥皇甫湜中選，考覈之際不先上言，裴垍時為學士，居中覆視，無所異同。吉甫泣訴於上前，憲宗不獲已，罷王涯、裴垍學士。垍守戶部侍郎，涯守都官員外郎，吏部尚書楊於陵出為嶺南節度使，吏部員外郎韋貫之出為果州刺史，王涯再貶虢州司馬，貫之再貶巴州刺史。僧孺、宗閔亦久之不調，隨牒諸侯府，七年吉甫卒，方入朝為監察御史。

《舊唐書・壹柒壹・張仲方傳》（《新唐書・壹貳陸・張九齡傳附仲方傳》同，並參考《白氏長慶集・陸壹・張仲方墓誌銘》）略云：

張仲方，韶州始興人，伯祖文獻公九齡開元朝名相。仲方貞元中進士擢第，宏辭登科，歷侍御史倉部員外郎。會呂溫、羊士諤誣告宰相李吉甫陰事，二人俱貶。仲方坐呂溫貢舉門生，出為金州刺史（**寅洛案：此亦座主門生關係密切之例證**）。吉甫卒，入為度支郎中。時太常定吉甫謚為恭懿，博士尉遲汾請為敬憲。仲方駮議曰：「兵者凶器，不可從我始。師徒暴野，戎馬生郊，僵尸血流，骴骼成岳，酷毒之痛號訴無辜。剿絕群生，迨今四載，禍胎之肇實始其謀。請俟蔡寇將平，天下無事，然後都堂聚議，誅亦未遲。」憲宗方用兵，惡仲方深言其事，怒甚，貶為遂州司馬。

同書壹柒貳〈蕭俛傳〉（《新唐書・壹佰壹・蕭瑀傳附俛傳》同）略云：

蕭俛曾祖太師徐國公嵩開元中宰相，俛貞元七年進士擢第，元和六年召充翰林學士，九年改駕部郎中，知制誥，內職如故，坐與張仲方善。仲方駁李吉甫諡議，言用兵征發之弊由吉甫而生。憲宗怒，貶仲方，俛亦罷學士，左授太僕少卿。

同書壹柒玖〈蕭遘傳〉（《新唐書・壹佰壹・蕭俛傳附遘傳》同）略云：

蕭遘，蘭陵人，開元朝宰相太師徐國公嵩之四代孫（**寅恪案：「四」字誤**）。遘以咸通五年登進士第，志操不群，自比李德裕，同年皆戲呼「太尉」。

寅恪案：新興階級黨派之構成，進士詞科同門之關係乃一重要之點，前論李絳及楊嗣

復事已涉及之。今觀〈李宗閔傳〉，益爲明顯。至李吉甫爲人固有可議之處，而牛李詆斥太甚，吉甫亦報復過酷，此所以釀成士大夫黨派競爭數十年不止也。張仲方乃九齡之姪孫，九齡本爲武后所拔擢之進士出身新興階級。據《大唐新語・柒・識量》篇（參考《舊唐書・壹佰陸・李林甫傳》、《新唐書・壹貳陸・張九齡傳》、《通鑑》貳壹肆開元二十四年冬十月條云：

牛仙客為涼州都督，節財省費，軍儲所積萬計。玄宗大悅，將拜為尚書，張九齡諫曰：「不可。」玄宗怒曰：「卿以仙客寒士嫌之耶？若是，如卿豈有門籍？」九齡頓首曰：「（臣）荒陬賤類，陛下過聽，以文學用臣；仙客起自胥吏，目不知書，韓信淮陰一壯士耳，羞與絳灌同列，陛下必用仙客，臣亦恥之。」

又《國史補》上（參考《太平廣記・壹捌肆・氏族類》）云：

張燕公好求山東婚姻，當時皆惡之，及後與張氏為親者乃為甲門。

及《新唐書・壹玖玖・儒學傳中・孔若思傳附至傳》云：

明氏族學，與韋述、蕭穎士、柳沖齊名，譔《百家類例》，以張説等為「近世新族」，剟去之。説子垍方有寵，怒曰：「天下族姓何豫若事，而妄紛紛邪？」垍弟素善至，以實告。初，書成，示韋述，述謂可傳，及聞垍語，懼，欲更增損。述曰：「止！丈夫奮筆成一家書，奈何因人動搖，有死，不可改！」遂罷。時述及穎士、沖皆譔《類例》，而至書稱工。

可知始興張氏實爲以文學進用之寒族，即孔至之所謂「近世新族」之列。宜乎張説與九齡共通譜牒，密切結合，由二人之氣類本同也。因是，九齡姪孫仲方與山東舊門李吉甫氣類絕不相近，亦成爲反對之黨。若蘭陵蕭氏元是後梁蕭詧之裔，而加入關隴集團，與李唐皇室對於新舊兩階級之爭得處於中立地位者相似。故蕭俛由進士出身，成爲牛氏之黨，而蕭遘雖用進士擢第，轉慕李文饒之爲人，乃取以自況也。

元和朝雖號稱中興，然外朝士大夫之黨派既起，內廷閹寺黨派之競爭亦劇，遂至牽涉皇位繼承問題，而憲宗因以被弒矣。

《舊唐書・壹柒伍・澧王惲傳》（《新唐書・捌貳・澧王惲傳》同）云：

澧王惲，憲宗第二子也，本名寬。吐突承璀恩寵特異，惠昭太子薨，議立儲貳，承璀獨排眾議屬澧王，欲以威權自樹。賴憲宗明斷不惑，及憲宗晏駕承璀賜死，王亦薨於其夕。

同書壹伍玖〈崔羣傳〉（《新唐書・壹陸伍・崔羣傳》同）云：

元和七年，惠昭太子薨，穆宗時為遂王，憲宗以澧王居長，且多內助，將建儲貳，命羣與澧王作讓表。羣上言曰：「大凡己合當之，則有陳讓之儀；己不合當，因何遽有讓表？今遂王嫡長，所宜正位青宮。」竟從其奏。

同書壹捌肆〈宦官傳・吐突承璀傳〉（《新唐書・貳佰柒・宦者傳上・吐突承璀傳》同）云：

惠昭太子薨，承璀建議請立澧王寬為太子，憲宗不納，立遂王宥，穆宗即位，銜承璀不佑己，誅之。（前文已引，茲為論述之便利，特重錄之。）

同書同卷〈王守澄傳〉（《新唐書・貳佰捌・宦者傳下・王守澄傳》同，並參考《舊唐書》壹肆《新唐書》柒〈憲宗紀〉及《舊唐書》伍玖《新唐書》壹肆貳〈韋處厚傳〉中「不諱內惡」之語）云：

憲宗疾大漸，內官陳弘慶等弒逆。憲宗英武，威德在人，內官祕之，不敢除討，但云：藥發暴崩。時守澄與中尉馬進潭、梁守謙、劉承偕、韋元素等定冊立穆宗皇帝。

《通鑑》貳肆壹元和十五年正月條（參考《舊唐書》壹貳拾《新唐書》壹參柒〈郭子儀傳附釗傳〉）云：

初左軍中尉吐突承璀謀立澧王惲為太子，上（憲宗）不許，及上寢疾，承璀謀尚未息，太子（穆宗）聞而憂之，密遣人問計於司農卿郭釗，釗曰：「殿下但盡孝謹以俟之，勿恤其他！」釗，太子之舅也。

《新唐書．捌．宣宗紀》云：

大中十二年二月廢穆宗忌日，停〔穆宗〕光陵朝拜及守陵宮人。

《通鑑》貳肆玖大中十二年二月甲子朔條紀此事，《胡注》云：

以陳弘志弒逆之罪歸穆宗也。

裴廷裕《東觀奏記》上云：

憲宗皇帝晏駕之夕，上（宣宗）雖幼，頗記其事，追恨光陵商臣之酷，即位後，誅鉏惡黨無漏網者。郭太后以上英察孝果，且懷慚懼。時居興慶宮，與一二侍兒同升勤政樓，倚衡而望，便欲殞於樓下，欲成上過，左右急持之。即聞於上，上大怒，其夕太后暴崩，上志也。

《通鑑考異》大中三年條引《（宣宗）實錄》，並附按語云：

（大中二年）五月戊寅以太皇太后寢疾，權不聽政，宰臣率百寮問太后起居。己卯復問起居，下遺令。是日太后崩。初上（宣宗）簒位，以憲宗遇弒，頗疑太后在黨中，至是暴得疾崩，帝之志也。六月貶禮院檢討官王皞為潤州句容令，以皞抗疏請郭后合葬景陵（憲宗陵名）配饗憲宗廟室故也。

（司馬光）按，《實錄》所言暴崩事，皆出《東觀奏記》，若實有此事，則既云「是夕暴崩」，何得前一日先下詔云「以太后寢疾，權不聽政」？若無此事，廷裕豈敢輒誣宣宗？或者，郭后實以病終，而宣宗以平日疑忿之心，欲黜其禮，故皞爭之，疑以傳疑，今參取之。

寅恪案：元和末年內廷閹寺吐突承璀一派欲以澧王惲繼皇位，王守澄一派欲立遂王宥即後來之穆宗，競爭至劇。吐突承璀之黨失敗，憲宗遇弒，穆宗因得王守澄黨之擁戴而繼位矣。至郭后乃穆宗之生母，其預知弒逆之謀，似甚可能。司馬君實所論雖不失史家審慎忠厚之旨，但參取兩端，頗近模稜，難以信從。蓋裴廷裕比穆宗於商臣，若非確有所據，必不敢爲此誣妄之說也。鄙意郭后之暴崩儻果出於宣宗之志，則崩前一日何不可預作伏筆？或者，即因有前日寢疾之詔，遂促成次日暴崩之事乎？總之，宮掖事祕，雖不宜遽斷，然皇位繼承之不固定及閹寺黨派之競爭二端，與此唐室中興英主憲宗之結局有關，則無可疑也（《鍾輅前定錄》李生條亦紀懿安太后爲宣宗幽崩事，又日本僧圓仁《入唐求法記》肆所載郭太后被藥殺事，則年月名號俱有訛誤也）。

復次，內廷閹寺中吐突承璀之黨即主張用兵之黨既失敗，其反對黨得勝，擁立穆宗，故外朝宰相即此反對黨之附屬品，自然亦不主張用兵，而「銷兵」之議遂成長慶一朝之國策矣。

《舊唐書・壹陸・穆宗紀》云：

長慶元年二月乙酉天平軍節度使馬總奏：當道見管軍士三萬三千五百人，從去年正月已後，情願居農者放，逃亡者不捕。先是平定河南，及王承元去鎮州，宰臣蕭俛等不顧遠圖，乃獻「銷兵」之議，請密詔天下軍鎮，每年限百人內八人逃死，故總有是奏。

同書壹柒貳〈蕭俛傳〉（《新唐書·壹佰壹·蕭瑀傳附俛傳》略同）云：

穆宗乘章武（憲宗）恢復之餘，即位之始兩河廓定，四鄙無虞，而俛與段文昌屢獻太平之策，以為兵以靜亂，時已治矣，不宜黷武，勸穆宗休兵偃武，又以兵不可頓去，請密詔天下軍鎮有兵處每年百人之中限八人逃死，謂之「消兵」。帝既荒縱，不能深料，遂詔天下，如其策而行之。而藩籍之卒合而為盜，伏於山林。明年朱克融、王廷湊復亂河朔，一呼而遣卒皆至。朝廷方徵兵諸藩，籍既不充，尋行招募，烏合之徒動為賊敗，由此復失河朔，蓋「消兵」之失也。

寅恪案：「銷兵」之數每年僅限百分之八，且歷時甚短，其所以發生如是之大影響者，蓋當時河朔為胡化區域，其兵卒皆善戰之人，既被裁遣，「合而為盜」，遂為朱克融、王廷湊所利用，而中央政府徵募之人自然不能與河朔健兒為敵也。

又《舊唐書・壹陸陸・元稹傳》（《新唐書・壹柒肆・元稹傳》略同）云：

> 荊南監軍崔潭峻甚禮接稹，不以掾吏遇之，常徵其詩什諷誦之。長慶初潭峻歸朝，出稹〈連昌宮詞〉等百餘篇奏御，穆宗大悅。

《新唐書・壹柒玖・李訓傳》（參考《新唐書・貳佰捌・宦者傳下・王守澄傳》）云：

> 宦人陳弘志時監襄陽軍，訓啓帝（文宗）召還，至青泥驛，遣使者杖殺之。復以計白罷〔王〕守澄觀軍容使，賜鴆死。又逐西川監軍楊承和、淮南韋元素、河東王踐言於嶺外，已行，皆賜死。而崔潭峻前物故，詔剖棺鞭屍，元和逆黨幾盡。

據《新唐書・李訓傳》明言崔潭峻爲元和逆黨，但憲宗於元和十五年正月二十七日被弒，則《舊唐書・元稹傳》「長慶初潭峻歸朝」之語微有未妥，故《新唐書・元稹傳》改作「長慶初潭峻方親幸」也。夫潭峻既爲擁立穆宗之元和逆黨中人，其主張「銷兵」自不待言，於是知元才子〈連昌宮詞〉全篇主旨所在之結句「努力廟謨休用兵」一語，實關涉當時政局國策，世之治史讀詩者幸勿等閒放過也（參考一九三二年六月《清華學報》拙著〈讀

〈連昌宮詞〉質疑〉。又宦官王踐言爲元和逆黨之一，而文宗大和九年八月丙申詔書以李德裕與之連結者，蓋踐言曾言送還吐蕃悉怛謀之非計，與德裕主張相合，李訓、鄭注遂藉之以爲說耳。詳見《新唐書·壹柒肆·李宗閔傳》、《舊唐書》壹柒肆《新唐書》壹捌拾〈李德裕傳〉等，茲不能悉論也）。

《新唐書·捌·敬宗紀》（參考《舊唐書·壹柒上·敬宗紀》）略云：

敬宗諱湛，穆宗長子也，始封鄂王，徙封景王。長慶二年穆宗因擊毬暴得疾，不見群臣者三日，左僕射裴度三上疏請立皇太子，而翰林學士兩省官相次皆以為言。穆宗疾少間，宰相李逢吉請立景王為皇太子（癸巳詔以景王為皇太子）。四年正月穆宗崩，丙子皇太子即皇帝位。

《舊唐書·壹柒參·李紳傳》（《新唐書·壹捌壹·李紳傳》同）略云：

王守澄每從容謂敬宗曰：「陛下登九五，〔李〕逢吉之助也。先朝初定儲貳，唯臣備知。時翰林學士杜元穎、李紳勸立深王，而逢吉固請立陛下，李續之、李虞繼獻章疏。」帝雖沖年，亦疑其事。會逢吉言：「李紳在內署時，嘗不利於陛下，請行貶逐。」帝初即位，方倚大臣，不能自執，乃貶紳端州司馬。會禁中檢尋舊事，得穆宗時封書一篋，發之，得裴度、杜元穎與紳三人所獻疏，請立敬宗為太子。帝感悟興嘆，悉命焚逢吉黨所上謗書。由是讒言稍息，紳黨得保全。

李德裕黨劉軻《牛羊日曆》云：

穆宗不豫，宰臣議立敬宗為皇太子，時牛僧孺獨懷異志，欲立諸子。僧儒乃昌言於朝曰：「梁守謙、王守澄將不利於上」，又使楊虞卿漢公輩言於外曰：「王守澄欲謀廢立」，又於街衢門牆上施榜，每於穆宗行幸處路傍或苑內草間削白而書之，冀謀大亂。其兇險如此。

寅恪案：敬宗為穆宗長子，故外朝諸臣請立為皇儲，又值穆宗初即位，元和逆黨方盛之時，其黨魁王守澄既贊成其事，而穆宗不久即崩，其皇位繼承權所以幸未動搖也。然觀外廷士大夫如李逢吉、劉軻之流俱藉皇儲問題互詆其政敵，並牽涉禁中閹寺黨魁，則唐代皇位繼承之不固定及內廷閹寺黨派與外朝士大夫黨派互相關係，於此復得一例證矣。

《舊唐書・壹柒上・敬宗紀》（《新唐書・捌・敬宗紀》同）云：

寶曆二年十二月辛丑帝夜獵還宮，與中官劉克明、田務成（成，《通鑑》作澄）、許文端打球，軍將蘇佐明、王嘉憲、石定克等二十八人飲酒。帝方酣，入室更衣，殿上燭忽滅，劉克明等同謀害帝，即時殂於室內。

《新唐書・捌・文宗紀》（《舊唐書・壹柒上・文宗紀》同）云：

文宗諱昂（初名涵），穆宗第二子也，始封江王。寶曆二年十二月敬宗崩，劉克明等矯詔，以絳王悟勾當軍國事。壬寅內樞密使王守澄、楊承和、神策護軍中尉魏從簡、梁守謙奉江王而立之，率神策六軍飛龍兵誅克明，殺絳王。

《舊唐書・壹伍玖・韋處厚傳》（《新唐書・壹肆貳・韋處厚傳》同）云：

寶曆季年急變中起，文宗底綏內難，詔命將降，未有所定。處厚聞難奔赴，昌言曰：「《春秋》之法，大義滅親，內惡必書，以明逆順，正名討罪，於義何嫌？安可依違，有所避諱？」遂奉藩教行焉。

《通鑑》貳肆參寶曆二年十二月條云：

〔宦官〕劉克明等矯稱上（敬宗）旨，命翰林學士路隋草遺制，以絳王悟權勾當軍國事。壬寅宣遺制，絳王見宰相百官於紫宸殿外廡。克明欲易置內侍之執權者，於是樞密使王守澄、楊承和、中尉魏從簡、梁守謙定議，以衛兵迎江王涵入宮，發左右神策飛龍兵進討賊黨，盡斬之。克明赴井，出而斬之，絳王為亂兵所害。

寅恪案：憲宗爲宦官所弒，閹人以其爲英武之主，威望在人，若發表實情，恐外間反對者藉此聲討其族類，故諱莫如深。前論《順宗實錄》事引《舊唐書・路隋傳》，可以爲證。及敬宗又爲宦官所弒，當時閹人初亦應有所顧慮，然其所以卒從韋處厚之說，公開宣布者，則由敬宗乃童昏之君，不得比數於憲宗，遂以爲無足諱言也。致敬宗及絳王悟之被弒害，與夫文宗之得繼帝位，均是內廷閹寺劉克明黨與王守澄黨競爭下之附屬犧牲品及傀儡子耳，亦可憐哉！斯又唐代皇位繼承不固定與閹寺黨爭關係之一例證也。

文宗一朝爲牛李黨人參雜並進競爭紛劇之時期，故《舊唐書・壹柒陸・李宗閔傳》（《新唐書・壹柒肆・李宗閔傳》同）云：

文宗以二李（寅恪案：二李謂宗閔及德裕也，宗閔代表中黨）朋黨，繩之不能去，嘗謂侍臣曰：「去河北賊非難，去此朋黨實難。」

夫唐代河朔藩鎮有長久之民族社會文化背景，是以去之不易，而牛李黨之政治社會文化背景尤長久於河朔藩鎮，且此兩黨所連結之宮禁閹寺，其社會文化背景之外更有種族問題，故文宗欲去士大夫之黨誠甚難，而欲去內廷閹寺之黨則尤難，所以卒受「甘露之禍」也。況士大夫之黨乃閹寺黨之附屬品，閹寺既不能去，士大夫之黨又何能去耶？及至唐之末世，士大夫階級暫時聯合，與閹寺全體敵抗，乃假借別一社會階級即黃巢餘黨朱全忠之武力，終能除去閹寺之黨。但士大夫階級本身旋罹摧殘之酷，唐之皇室亦隨以覆亡，其間是非成敗詳悉之史實雖於此不欲置論，而士大夫階級與閹寺階級自文宗以後，在政治上盛衰分合互相關涉之要點，則不得不述其概略也。

就牛李黨人在唐代政治史之進退歷程言之，兩黨雖俱有悠久之歷史社會背景，但其表面形式化則在憲宗之世。此後紛亂鬥爭，愈久愈烈。至文宗朝為兩黨參錯並進，競逐最劇之時。武宗朝為李黨全盛時期，宣宗朝為牛黨全盛時期，宣宗以後士大夫朋黨似已漸次消泯，無復前此兩黨對立、生死搏鬥之跡象，此讀史者所習知也。然試一求問此兩黨競爭之歷程何以呈如是之情狀者，則自來史家尠有解答。鄙意外朝士大夫明黨之動態即內廷閹寺黨派之反影。內廷閹寺爲主動，外朝士大夫爲被動。閹寺爲兩派同時並進，或某一時甲派進而乙派退，或某一時乙派進而甲派退，則外朝之士大夫亦爲兩黨同時並進，或某一時甲黨進而乙黨退，或某一時乙黨進而甲黨退。迄至後來內廷之閹寺「合爲一片」（此唐宣宗語，見下文所引）全體對外之時，則內廷閹寺與外廷士大夫成爲生死不兩立之仇敵集團，終於事勢既窮，乞援外力，遂同受別一武裝社會階級之宰割矣。茲略引舊史，稍附論釋，藉以闡明唐代內廷閹寺與外朝士大夫黨派關聯變遷之歷程於下，或可少補前人之所未備言者歟？

《舊唐書・壹陸玖・李訓傳》（《新唐書・壹柒玖・李訓傳》同）略云：

文宗以宦者權寵太過，繼為禍胎。元和末弒逆之徒尚在左右，雖外示優假，心不堪之。思欲芟落本根，以雪讎恥。九重深處，難與將相明言，前與侍講宋申錫謀，謀之不臧，幾成反噬（**寅恪案：事見《舊唐書》壹陸捌《新唐書》壹伍貳〈宋申錫傳〉**），自是巷伯尤橫。因鄭注得幸〔王〕守澄，俾之援訓，冀黃門不疑也。訓既秉權衡，即謀誅內豎。中官陳弘慶者，自元和末負弒逆之名，忠義之士無不扼腕。時為襄陽監軍，乃召自漢南，至青泥驛，遣人封杖決殺。王守澄自長慶已來知樞密，典禁軍，作威作福。訓既作相，以守澄為六軍十二衛觀軍容使，罷其禁旅之權，尋賜鴆殺。訓愈承恩顧，黃門禁軍迎拜戢斂。

同書同卷〈鄭注傳〉（《新唐書・壹柒玖・鄭注傳》同）略云：

是時〔李〕訓、〔鄭〕注之權赫於天下，既得行其志，生平恩讎絲毫必報。因楊虞卿之獄挾忌李宗閔、李德裕。心所惡者，目為二人之黨，朝士相繼，班列為之一空（**寅恪案：此事可參考《舊唐書・壹柒下・文宗紀下》大和九年八月九月有關諸條，及同書壹柒肆〈李德裕傳〉、壹柒陸〈李宗閔傳〉，《新唐書・壹柒肆・李宗閔傳》、壹捌拾〈李德裕傳〉等**）。注自言有金丹之術，可去萎弱重膇之疾。始李愬自云得效，乃移之〔王〕守澄，亦神其事，繇是中官視注皆憐之。卒以是售其狂謀，而守澄自貽其禍。

同書壹捌肆〈宦官傳・王守澄傳〉（《新唐書・貳佰捌・宦者傳下・王守澄傳》同）略云：

時仇士良有翊上之功，為守澄所抑，位未通顯。〔李〕訓奏用士良分守澄之權，乃以士良為左軍中尉。守澄不悅，兩相矛盾。訓因其惡，大和九年帝（文宗）令內養李好古齎鴆賜守澄，祕而不發。守澄死，仍贈揚州大都督。其弟守涓為徐州監軍，召還，至中牟，誅之。守澄豢養訓、〔鄭〕注，反罹其禍。人皆快其受佞，而惡訓、注之陰狡。

《新唐書・壹柒肆・李宗閔傳》（《舊唐書・壹柒陸・李宗閔傳》略同）略云：

〔李〕訓、〔鄭〕注劾宗閔異時陰結駙馬都尉沈𥫗、內人宋若憲、宦者韋元素、王踐言等求宰相，而踐言監軍劍南，受〔李〕德裕賂，復與宗閔家私，乃貶宗閔潮州司户參軍事，𥫗逐柳州，元素等悉流嶺南，親信並斥。時訓、注欲以權市天下，凡不附己者，皆指以二人黨逐去之，人人駭栗。帝乃詔宗閔、德裕姻家門生故吏自今一切不問。

《通鑑》貳肆伍大和九年六月條（參考《新唐書・貳佰捌・宦者傳下・王守澄傳》）云：

神策左軍中尉韋元素、樞密使楊承和、王踐言居中用事，與王守澄爭權不叶，李訓、鄭注因之，出承和於西川，元素於淮南，踐言於河東，皆為監軍。

寅恪案：李訓、鄭注所以能異於宋申錫，幾成掃除閹寺之全功者，實在利用閹寺中自分黨派，如王守澄與仇士良、韋元素等之例是也。又當時牛李黨人各有其勾結之中官，訓、注之進用本皆由於閹寺，故能悉其隱祕，遂欲同時一舉將閹寺及士大夫諸黨派俱排斥而盡去之也。當日閹寺之黨派既是同時並進，互相爭鬥，達於劇烈之高點，故士大夫之黨派各承其反影，亦復如之。斯爲文宗一朝政治上最要之關鍵，前人論此，似少涉及者，特爲標出之如此。

《新唐書・壹柒玖・李訓傳》（《舊唐書・壹陸玖・李訓傳》同）略云：

〔訓〕出〔鄭〕注，使鎮鳳翔，外為助援，擢所厚善，分總兵柄。於是王璠為太原節度使，郭行餘為邠寧節度使，羅立言權京兆尹，韓約金吾將軍，李孝本御史中丞。陰許璠、行餘多募士，及金吾臺府卒劫以為用。〔大和九年〕十一月壬戌（二十一日）帝（文宗）御紫宸殿，約奏：「甘露降金吾左仗樹。」〔帝〕輦如含元殿，詔宰相群臣往視，還，訓奏：「非甘露。」帝顧中尉仇士良、魚弘志等驗之。訓因欲閉止諸宦人，使無逸者。時璠、行餘皆辭赴鎮，兵列丹鳳門外。訓傳呼曰：「兩鎮軍入受詔旨！」聞者趨入，邠寧軍不至，宦人至仗所，會風動廡幕，見執兵者，士良等驚走出。閽者將闔扉，為宦侍叱爭，不及閉。訓急，連呼金吾兵曰：「衛乘輿者，人賜錢百千！」於是有隨訓入者。宦人曰：「事急矣！」即扶輦，決罘罳下殿趨。訓攀輦曰：「陛下不可去！」士良曰：「李訓反。」帝曰：「訓不反。」士良手搏訓而躓，訓壓之，將引刀鞾中，救至，士良免。立言、孝本領眾四百東西來上殿，與金吾士縱擊，宦官死數十人。訓持輦愈急，至宣政門，宦人郗志榮揕訓，仆之，輦入東上閤即閉，宮中呼萬歲。會士良遣神策副使劉泰倫、陳君奕等率衛士五百挺兵出，所值輒殺，殺諸司史六七百人，復分兵屯諸宮門，捕訓黨千餘人，斬四方館，流血成渠。

贊曰：李德裕嘗言：「天下有常勢，北軍是也。」訓因王守澄以進，此時出入北軍，若以上意說諸將，易如靡風，而反以臺府抱關游徼抗中人，以搏精兵，其死宜哉！文宗嘗稱訓天下奇才。德裕曰：「訓曾不得齒徒隸，尚何才之云？」世以德裕言為然。（寅恪案：李德裕語見其所著《窮愁志・奇才論》。）

寅恪案：此甘露事變之一幕悲劇也。當時中央政權寄託於皇帝之一身，發號施令必用其名義，故政權之爭，其成敗關鍵在能否劫持皇帝一人而判定。夫皇帝之身既在北軍宦官掌握之內，若不以南衙臺府抱關游徼敵抗神策禁旅，則當日長安城中，將用何等兵卒與之角逐乎？此甘露變後所以僅餘以藩鎮武力對抗閹寺北軍之唯一途徑，是即崔淄郎之所取用而奏效，但爲當世及後世所詬病者也。至謂「以上意說〔北軍〕諸將，易如靡風」，則天下事談何容易！在大和之前即永貞之時，王叔文嘗謀奪閹寺兵柄，舉用范希朝韓泰，卒無所成（事見韓愈《順宗實錄》伍及《舊唐書》壹參伍《新唐書》壹陸捌〈王叔文傳〉），況文宗朝宦官盤踞把持之牢固更有甚於順宗時者乎？而韓退之〈永貞行〉（《昌黎集》參）所云：

君不見太皇（順宗）諒陰未出令，小人乘時偷國柄。北軍百萬虎與貔，天子自將非他師。**（寅恪案：神策軍實宦官所將耳，非天子自將也，退之此語無乃欺人之甚耶？）**一朝奪印付私黨，懍懍朝士何能為？

不過俱文珍私黨之誣詞，非公允之論也。然則李訓實爲「天下奇才」，文宗之語殊非過譽，較當日外朝士大夫牛李黨人之甘心作閹寺附屬品者，固有不同矣。李文饒挾私嫌，其言不足信，後之史家何可據之，而以成敗論人也！

《通鑑》紀貳肆伍大和九年十一月壬戌即二十一日甘露事變，其結論有云：

自是天下事皆決於北司，宰相行文書而已。

誠道其實也。至文宗幾爲閹寺所廢，如皮光業《見聞錄》之所言者（見《通鑑考異》大和九年十一月條及《唐語林・參・方正類》，《新唐書・貳佰柒・宦者傳下・仇士良傳》末），固有未諦，已爲司馬君實所指出。但自此以後，唐代皇位之繼承完全決於宦官之手，而外朝宰相惟有服從一點，若取下列史料證之，則更無可疑也。

《唐語林》柒補遺云：

宣宗崩，內官定策立懿宗，入中書商議，命宰臣署狀，宰相將有不同者。夏侯孜曰：「三十年前外大臣得與禁中事，三十年以來外大臣固不得知。但是李氏子孫，內大臣定，外大臣即北面事之，安有是非之說？」

又《新唐書・壹捌貳・李玨傳》云：

始莊恪太子薨，帝（文宗）屬意陳王（成美），已而武宗即位，人皆為危之。玨曰：「臣下知奉所言，安與禁中事？」

蓋甘露事變在文宗大和九年，即公元八三五年。宣宗崩於大中十三年，即公元八五九年，夏侯孜所謂三十年者，乃約略舉成數言之。又李玨之事與夏侯孜不同，其語之意旨亦異。然可據以證知自開成後所謂「建桓立順，功歸貴臣」（劉夢得語，見前引），而外朝宰相固絕難與聞也。

《舊唐書・壹柒下・文宗紀》（參《舊唐書》壹柒伍《新唐書》捌貳〈陳王成美傳〉）云：

〔大和〕六年十月庚子詔：魯王永宜冊為皇太子。
〔開成〕三年九月壬戌上（文宗）以皇太子慢遊敗度，欲廢之。中丞狄兼謨垂涕切諫。是夜移太子於少陽院，殺太子宮人左右數十人。十月庚子皇太子薨於少陽院，謚莊恪。
〔開成〕四年十月丙寅制：以敬宗第六男成美為皇太子。
〔開成〕五年春正月戊寅朔上不康，不受朝賀。己卯語立親弟潁王瀍為皇太弟，權勾當軍國事，皇太子復為陳王。辛巳上崩於大明宮之太和殿。

同書壹捌上〈武宗紀〉（《新唐書・捌・武宗紀》同，並參考《舊唐書》壹柒伍《新唐書》捌貳〈陳王成美傳〉）略云：

武宗諱炎，穆宗第五子，本名瀍。文宗以敬宗子陳王成美為皇太子。〔開成〕五年正月二日文宗暴疾，宰相李珏、知樞密劉弘逸奉密旨：以皇太子監國。兩軍中尉仇士良、魚弘志矯詔迎潁王於十六宅，立為皇太弟。四日文宗崩，皇太弟即皇帝位。陳王成美、安王溶殂於邸第。初，楊賢妃有寵於文宗，而莊恪太子母王妃失寵怨望，為楊妃所譖，王妃死，太子廢。及開成末年，帝多疾，無嗣，賢妃請以安王溶嗣，帝謀於宰臣李珏，珏非之，乃立陳王。至是，仇士良欲歸功於己，乃發安王舊事，故二王與賢妃皆死。以開府右軍中尉仇士良封楚國公，左軍中尉魚弘志為韓國公。

《新唐書．捌貳．莊恪太子永傳》（《舊唐書．壹柒伍．莊恪太子永傳》同）略云：

〔大和〕六年立為皇太子，母（王德妃）愛弛，楊賢妃方幸，數譖之，帝（文宗）震怒，群臣連章論救，〔帝〕意少釋，然太子終不能自白其讒，是年（開成三年）暴薨。（**寅恪案：日本僧圓仁《入唐求法記》亦有殺皇太子之記述，可供參考。**）

《通鑑》貳肆陸會昌元年三月條（參《新唐書．壹佰柒．宦者傳上．仇士良傳》）云：

初知樞密劉弘逸、薛季稜有寵於文宗，仇士良惡之。上（武宗）之立非二人及宰相意，故楊嗣復出為湖南觀察使，李玨出為桂管觀察使。士良屢譖弘逸等於上，勸上誅之，乙未賜弘逸、季稜死。

張固《幽閒鼓吹》云：

李德裕在維揚，監軍楊欽義追入，必為樞近，而德裕致禮皆不越尋常，欽義心銜之。一日邀中堂飲，更無餘賓，而陳設寶器圖書數床皆殊絕，一席祇奉亦竭情禮。宴罷，皆以贈之，欽義大喜過望。行至汴州，有詔令監淮南軍。欽義至，即具前時所獲歸之。朱崖（德裕）曰：「此無所直，奈何相拒？」悉卻與之。欽義感悦數倍，後竟作樞密使，武皇一朝之柄用皆欽義所致也。

《通鑑》貳肆陸開成五年九月紀李德裕入相事，即採用張書，《胡注》云：

史言李德裕亦不免由宦官以入相。

寅恪案：上引文宗、武宗兩朝間史料，亦皆唐代皇位繼承不固定及一時期宮掖閹寺黨派競爭決定後，李氏子孫充傀儡，供犧牲，而士大夫黨派作閹寺黨派之附屬品，隨其勝敗以爲進退之明顯例證也。又《幽閒鼓吹》載李德裕入相實由楊欽義，鄙意小説家記衛公事多誣詞，究其可信與否，未敢確定，即使可信，亦非贊皇入相之主因。據《通鑑》貳肆柒會昌三年五月壬寅以翰林學士承旨崔鉉爲中書侍郎同平章事條云：

上（武宗）夜召學士韋琮，以鉉名授之，令草制，宰相樞密皆不之知。時樞密使劉行深、楊欽義皆願愨，不敢預事，老宦者尤之曰：「此由劉楊懦怯，墮敗舊風故也。」

是楊欽義以願愨著聞，不敢依慣例以干預命相，則文饒之入相似非全由欽義之力，可以推知。其時宦官劉弘逸一派與牛黨之宰相李珏等翊戴皇太子成美，既遭失敗，則得勝之閹寺仇士良、魚弘志一派自必排去牛黨之宰相，而以其有連之李黨代之，楊欽義殆屬於仇士良派者，此德裕入相之主因也。然則宮掖閹寺競爭之勝敗影響於外朝士大夫之進退，於此益得證明而無疑矣。

《新唐書・捌・宣宗紀》略云：

宣宗諱忱，憲宗第十三子也。始封光王，本名怡。會昌六年武宗疾大漸，左神策護軍中尉馬元贄立光王為皇太叔。三月甲子即皇帝位。四月乙亥始聽政。丙子李德裕罷。五月乙巳翰林學士承旨兵部侍郎白敏中同中書門下平章事。

《通鑑》貳肆捌會昌六年三月條云：

上（武宗）疾篤，旬日不能言，諸宦者密於禁中定策。辛酉下詔，稱皇子沖幼，須選賢德，光王怡可立為皇太叔，更名忱，一應軍國大事令權勾當。甲子上崩，丁卯宣宗即位。

《胡注》：

以武宗之英達，李德裕之得君，而不能定後嗣，卒制命於宦豎，北司掌兵，且專宮禁之權也。

寅恪案：會昌季年內廷閹寺黨派競爭之史實無從詳知，但就武宗諸子不得繼位之事推之，必是翊戴武宗即與李黨有連之一派失敗，則可決言。於是宣宗遂以皇太叔之名義嗣其姪之帝位，而唐代皇位繼承之不固定，觀此益可知矣。胡氏之語甚諦，自會昌六年三月宦官馬元贄等於宮中決策後，外朝李黨全盛之局因以告終，相位政權自然轉入其敵黨牛黨之手也。

由憲宗朝至文宗朝，牛李爭鬥雖劇，而互有進退。武宗朝為始終李黨當國時期，宣宗朝宰相則屬於牛黨，但宣宗以後不復聞劇烈之黨爭。究其所以然之故，自來未有言之者，若依寅恪前所論證，外朝士大夫黨派乃內廷閹寺黨派之應聲蟲，或附屬品，儻閹寺起族類之自覺，其間不發生甚劇之黨爭，而能團結一致以對外者，則與外朝諸臣無分別連結之必要，而士大夫之黨既失其各別之內助，其競爭遂亦不得不終歸消歇也。茲略舉二一例，以爲證明。《唐語林・貳・政事類下》（參《新唐書・壹陸玖・韋貫之傳附澳傳》）云：

宣宗暇日召翰林學士韋澳入。上曰：「要與卿款曲，少間出外，但言論詩！」上乃出詩一篇。有小黃門置茶床訖，亟屏之。乃問：「朕於敕使如何？」澳曰：「威制前朝無比。」上閉目搖手曰：「總未，依前怕他。在卿如何？計將安出？」澳既不為之備，率意對曰：「謀之於外廷，即恐有大和事（**寅恪案：大和事指甘露事變**），不若就其中揀拔有才者，委以計事。」上曰：「此乃末策，朕行之，初擢其小者，至黃，至綠，至緋，皆感恩，若紫衣掛身，即合為一片矣。」澳慚汗而退。

《北夢瑣言》伍令狐公密狀條云：

唐大和中閹官恣橫，因甘露事王涯等皆罹其禍，竟未昭雪。宣守即位，深抑其權，末年嘗授旨於宰相令狐公〔綯〕，欲盡誅之。〔綯〕慮其冤，乃密奏牓子曰：「但有罪莫舍，有闕莫填，自然無遺類矣。」後為宦者所見，於是南〔衙〕北〔司〕益相水火，洎昭宗末崔侍中〔胤〕得行其志，然而玉石俱焚也。

寅恪案：韋澳意欲利用閹人，以制閹人，即李訓、鄭注之故技。在文宗大和之世用之雖不能成全功，然其初頗亦收效者，以當時閹寺中王守澄與仇士良之徒尚分黨派，未「合爲一片」，故可資利用也。迨其起族類之自覺，團結一致，以抗外敵，如《唐語林》《北夢瑣言》所載大中時事，則離間之術不能復施，此宣宗以後宮禁閹寺一致對外之新形勢，不獨在內廷無派別，亦使在外朝無黨爭，統制中央全局，不可動搖分裂，故激成崔胤借助藩鎮外來兵力，盡取此輩族類而殲滅之也。

又讀史者或見僖宗時宦官田令孜惡其同類楊復恭、復光兄弟事，因以致於宣宗以後閹寺「合爲一片」之說者，如《舊唐書・壹玖下・僖宗紀》所言：

〔中和〕三年六月甲子楊復光卒於河中，其部下忠武八都都頭鹿晏弘、晉暉、王建、韓建等各以其衆散去。時復光兄復恭知內樞密，田令孜以復光立破賊功，憚而惡之，故賊平賞薄。及聞復光死，甚悅，復擯復恭，罷樞密為飛龍使。

是也。但檢同書同卷中和三年五月王鐸罷行營都統條云：

時中尉田令孜用事，自負帷幄之功，以鐸用兵無功，而由楊復光建策召沙陀，成破賊之效，

> 欲權歸北司，乃黜鐸而悅復光也。

然則田令孜雖與楊復恭、復光兄弟不相得，對於外朝士大夫則仍能自相團結，一致敵視。蓋當時閹寺南衙北司之界限即階級族類之意識甚爲堅強明顯，不欲連結外朝士大夫自相攻擊，因亦無從造成士大夫之黨派，如以前牛李兩黨者也。

《新唐書・玖・懿宗紀》（參考《通鑑》貳肆玖大中十三年六月條、《通鑑考異》咸通二年二月條，及《容齋隨筆》陸杜悰條）略云：

> 懿宗諱漼，宣宗長子也，始封鄆王。宣宗愛夔王滋，欲立為皇太子，而鄆王長，故久不決。大中十三年八月宣宗疾大漸，以夔王屬內樞密使王歸長、馬公儒、宣徽南院使王居方等，而左神策護軍中尉王宗實、副使丌元實矯詔立鄆王為皇太子。癸巳即皇帝位於柩前。王宗實殺王歸長、馬公儒、王居方。

《通鑑》貳伍拾咸通二年二月條云：

> 是時士大夫深疾宦官，事小有相涉，則眾共棄之。建州進士葉京嘗預宣武軍宴，識監軍之

面，既而及第，在長安與同年出遊，遇之於塗，馬上相揖，因之謗議諠然，遂沉廢終身，其不相悦如此。（寅恪案：《昌黎外集》參有〈送汴州監軍俱文珍序並詩〉，備極諂諛之詞。夫文珍亦宦一武軍監軍也，而退之與葉京之遭遇乃迴不相似，據是可知貞元及咸通時，士大夫與閹寺關係之異同矣。）

依新紀所載，似宣末年內廷閹寺仍有黨派競爭者，然考唐代閹寺中神策軍中尉掌握兵柄，其權最大，宣宗牽於所愛，雖明知彼輩已「合爲一片」，而其末年仍仿文宗之舊事，勉強試一利用並無實力之樞密使等，使與執持兵柄之神策中尉對抗，實計出無聊，故終於同一無成。而王歸長與王宗實二派因實力大相懸殊之故，其競爭必無足道，讀史者幸勿誤會以此個別之例外，疑及全體之通則也。且其時閹寺已起族類之自覺，一致對外，與文宗時不同，是以無須亦不欲連結外朝士大夫，以興黨爭，蓋非復宣宗以前由內廷黨派勝敗，而致外朝黨派進退之先例矣。至於唐代帝位繼承之不固定，茲又得一例證，自無待言。觀《通鑑》咸通二年所紀葉京事，可知宣宗末載懿宗初年士大夫亦仿閹寺「合爲一片」，與相對敵。後來崔胤以士大夫代表之資格，盡誅宦官，蓋非一朝一夕之所致也。

《通鑑》貳伍貳咸通十四年七月戊寅條（參考《舊唐書》壹玖下《新唐書》玖〈僖宗紀〉）略云：

上（懿宗）疾大漸，左軍中尉劉行深、右軍中尉韓文約立少於普王儼為皇太子，權勾當軍國政事。辛巳上崩於咸寧殿，僖宗即位。八月劉行深、韓文約皆封國公。

同條考異曰：

范質《五代史通錄》：梁李振謂陝州護軍韓彝範曰：「懿宗初升遐，韓中尉殺長立少，以利其權，遂亂天下。今將軍復欲爾耶？」彝範即文約孫也。按：懿宗八子，僖宗第五，餘子新舊書不載長幼，又不言所終，不知所殺者果何王也。

據此，唐代內廷閹寺決定帝位繼承之經過及李氏子孫作傀儡犧牲之悲劇，史乘殊多闕漏，要爲與前此相似，乃一種公式化之行動，其概況亦可推知也。

《舊唐書．貳拾上．昭宗紀》（參考《新唐書．拾．昭宗紀》、《通鑑》貳伍柒文德元年三月條）略云：

昭宗諱曄，懿宗第七子，封壽王。文德元年二月僖宗暴不豫，及大漸之夕，而未知所立，群臣以吉王最賢，又在壽王之上，將立之，唯軍容楊復恭請以壽王監國。三月六日為皇太弟，八日即位。

同書壹捌肆〈宦官傳・楊復恭傳〉（《新唐書・貳佰捌・宦者傳下・楊復恭傳》同）略云：

李茂貞收興元，進復恭前後與〔楊〕守亮私書六十紙，內訴致仕之由云：「吾於荊榛中援立壽王，有如此負心門生天子，既得尊位，乃廢定策國老。」

寅恪案：唐代科舉制度，門生爲座主所獎拔，故最感恩，兩者之間情誼既深，團結自固。牛黨之所以終競勝李黨者，亦與此點有關。楊復恭「門生天子」之喻，乃宦官受士大夫積習之傳染，雖擬譬稍有不倫，然止就宦官專決皇位繼承一事言之，則其語實與當時政治之情狀符合也。

《新唐書・拾・昭宗紀》（《舊唐書・貳拾上・昭宗紀》同）云：

光化三年十一月己丑神策軍中尉劉季述、王仲光、內樞密使王彥範、薛齊偓作亂，皇帝居於少陽院。辛卯季述以皇太子裕為皇帝。

天復元年正月乙酉左神策軍將孫德昭、董彥弼、周承誨以兵討亂，皇帝復於位。劉季述、薛齊偓伏誅，降封皇太子裕為德王。

同書捌貳〈德王裕傳〉（《舊唐書・壹柒伍・德王裕傳》同）略云：

德王裕，昭宗長子也，大順二年六月二十八日封，韓建殺諸王，因請裕為皇太子。劉季述等幽帝（昭宗）東內，奉裕即皇帝位。季述誅，詔還少陽院，復為王。

《舊唐書・壹柒伍・憲宗》以下諸子傳論云：

自天寶已降，內官握禁旅，中闈纂繼皆出其心，故手纔攬於萬機，目已睨於六宅（寅恪案：諸王居於十六宅）。

寅恪案：唐代皇帝廢立之權既歸閹寺，皇帝居宮中亦是廣義之模範監獄罪囚。劉季述等之廢立不過執行故事之擴大化及表面化耳。唐代皇位繼承之不固定，此役乃三百年間最後之結局。蓋哀帝（柷）之立及其遜位一段經過，則屬於朱全忠創業之裝飾物及犧牲品（詳見

《舊唐書．貳拾下．哀帝紀》、《新唐書．拾．昭宣光烈孝皇帝紀》），不足特爲論述也。

《舊唐書．壹捌肆．宦官傳．楊復恭傳》末（參考《新唐書．貳佰捌．宦者傳下．韓全誨張彥弘傳》、《舊唐書》貳拾上《新唐書》拾〈昭宗紀〉）略云：

是月（光化三年正月），〔朱〕全忠迎駕還長安，詔以崔胤為宰相兼判六軍諸衛。胤奏曰：「高祖太宗時無內官典軍旅，自天寶已後，宦官寖盛，貞元、元和分羽林衛為左右神策軍，使衛從，令宦官主之，自是參掌樞密，由是內務百司皆歸宦者。不翦其本根，終為國之蟄賊。內諸司使務宦官主者，望一切罷之，諸道監軍使並追赴闕廷。」詔曰：「其第五可範已下並宜賜死，其在畿甸同華河中並盡底處置訖，諸道監軍使已下及管內經過並居停內使敕到並仰隨處誅夷訖聞奏，其左右神策軍並令停廢！」

寅恪案：舊傳所載崔胤之奏及答詔，乃中古政治史畫時代之大文字，故節錄之，以結此篇焉。

下篇　外族盛衰之連環性及外患與內政之關係

李唐一代爲吾國與外族接觸繁多，而甚有光榮之時期。近數十年來考古及異國文籍之發見迻譯能補正唐代有關諸外族之史事者頗多，固非此篇之所能詳，亦非此篇之所欲論也。茲所欲論者只二端：一曰外族盛衰之連環性，二曰：外患與內政之關係，茲分別言之於下：

所謂外族盛衰之連環性者，即某甲外族不獨與唐室統治之中國接觸，同時亦與其他之外族有關，其他外族之崛起或強大可致某甲外族之滅亡或衰弱，其間相互之因果雖不易詳確分析，而唐室統治之中國遂受其興亡強弱之影響，及利用其機緣，或坐承其弊害，故觀察唐代中國與某甲外族之關係，其範圍不可限於某甲外族，必通覽諸外族相互之關係，然後三百年間中國與四夷更迭盛衰之故始得明瞭，時當唐室對外之措施亦可略知其意。蓋中國與其所接觸諸外族之盛衰興廢，常爲多數外族間之連環性，而非中國與某甲外族間之單獨性也。《新唐書·貳壹伍上·四夷傳總序》略云：

唐興，蠻夷更盛衰，嘗與中國抗衡者有四：突厥、吐蕃、回鶻、雲南是也。凡突厥、吐蕃、

> 回鶻以盛衰先後為次；東夷、西域又次之，跡用兵之輕重也；終之以南蠻，記唐所繇亡云。

宋子京作《唐書四夷傳》，其敘述次第一以盛衰先後，二跡用兵之輕重，三記唐所由亡。茲篇論述則依其所以更互盛衰之跡，列爲次序，欲藉以闡發其間之連環性。至唐亡由於南詔，乃屬於外患與內政關係之範圍，俟於篇末論之，茲先不涉及也。

又唐代武功可稱爲吾民族空前盛業，然詳究其所以與某甲外族競爭，卒致勝利之原因，實不僅由於吾民族自具之精神及物力，亦某甲外族本身之腐朽衰弱有以招致中國武力攻取之道，而爲之先導者也。國人治史者於發揚讚美先民之功業時，往往忽略此點，是既有違學術探求眞實之旨，且非史家陳述覆轍，以供鑑誡之意，故本篇於某外族因其本身先已衰弱，遂成中國勝利之本末，必特爲標出之，以期近眞實而供鑑誡，兼見其有以異乎誇誣之宣傳文字也。

《通典・壹玖柒・邊防典》突厥條上（參《新唐書・貳壹伍上・突厥傳》、《唐會要》玖肆北突厥條）云：

> 及隋末亂離，中國人歸之者甚眾，又更強盛，勢陵中夏。迎蕭皇后，置於定襄。薛舉、竇建德、王世充、劉武周、梁師都、李軌、高開道之徒雖僭尊號，俱北面稱臣。東自契丹，西

盡吐谷渾、高昌諸國皆臣之，控弦百萬，戎狄之盛近代未有也。大唐起義太原，劉文靜聘其國，引以為援。

《舊唐書．陸柒．李靖傳》（參考《新唐書．貳壹伍上．突厥傳》、《貞觀政要．貳．任賢》篇、《大唐新語．柒．容恕》篇）云：

太宗初聞靖破頡利，大悅，謂侍臣曰：「朕聞『主憂臣辱，主辱臣死』。往者國家草創，太上皇（高祖）以百姓之故，稱臣於突厥，朕未嘗不痛心疾首，志滅匈奴，坐不安席，食不甘味。今者暫動偏師，無往不捷，單于款塞，恥其雪乎？」

寅恪案：隋末中國北部群雄並起，悉奉突厥爲大君，李淵一人豈能例外？溫大雅《大唐創業起居注》所載唐初事最爲實錄，而其紀劉文靜往突厥求援之本末，尚於高祖稱臣一節隱諱不書。逮頡利敗亡已後，太宗失喜之餘，史臣傳錄當時語言，始洩露此役之眞相。然則隋末唐初之際，亞洲大部民族之主人是突厥，而非華夏也。但唐太宗僅十年之後，能以屈辱破殘之中國一舉而覆滅突厥者，固由唐室君臣之發奮自強，遂得臻此，實亦突厥本身之腐敗及迴紇之興起二端有以致之也。茲略引史文，以證明之於下：

《通典・壹玖柒・邊防典》突厥上條（參考《舊唐書》壹玖肆上《新唐書》貳壹伍上〈突厥傳〉、《唐會要》玖肆北突厥條等）云：

貞觀元年陰山以北薛延陀、迴紇、拔也古等十餘部皆相率叛之，擊走其欲谷設。頡利遣突利討之，師又敗績，奔還，頡利怒，拘之十餘日，突利由是怨憾，內欲背之。二年突利遣使奏言與頡利有隙，奏請擊之。詔秦武通以并州兵馬隨便接應。三年薛延陀自稱可汗於漠北，遣使來貢方物。頡利每委任諸胡，疏遠族類，胡人貪冒，性多翻覆，以故法令滋章，兵革歲動，國人患之，諸部攜貳。頻年大雪，六畜多死，國中大餒。頡利用度不給，復重斂諸部，由是下不堪命，內外叛之。

《舊唐書・壹玖伍・迴紇傳》（《新唐書・貳壹柒上・回鶻傳》同，又參《舊唐書・壹玖玖下・鐵勒傳》、《新唐書・壹壹柒下・薛延陀傳》、《唐會要・玖陸・薛延陀傳》、《通典・壹玖玖・邊防典》薛延陀條等）云：

初有特健俟斤死，有子曰菩薩，部落以為賢而立之。初菩薩與薛延陀侵突厥北邊，突厥頡利可汗遣子欲谷設率萬騎討之。菩薩領騎五千與戰，破之於馬鬣山，因逐北至於天山，又追擊大破之，俘其部衆，迴紇由是大振，因率其衆附於薛延陀，號菩薩為活頡利發，仍遣使朝貢。菩薩勁勇有膽氣，善籌策，每對敵臨陣，必身先士卒，以少制衆，常以射獵為務，其母烏羅渾主知爭訟之事，平反嚴明，部內齊肅，迴紇之盛由菩薩之興焉。貞觀擒降突厥頡利等可汗之後，北虜唯菩薩、薛延陀為盛。太宗冊北突厥莫賀咄為可汗，遣統迴紇僕骨同羅思結阿趺等部，迴紇酋帥吐迷度與諸部大破薛延陀多彌可汗，遂併其部曲，奄有其地。

寅恪案：北突厥或東突厥之敗亡除與唐爲敵外，其主因一爲境內之天災及亂政，二爲其他鄰接部族迴紇薛延陀之興起兩端，故授中國以可乘之隙。否則雖以唐太宗之英武，亦未必能致如是之奇蹟。斯外族盛衰連環性之一例證也。

《舊唐書・壹玖伍・迴紇傳》（《新唐書・貳壹柒下・回鶻傳》同）云：

開成初，其相有安允合者，與特勒（**寅恪案：勒當作勤，下同**）柴草欲篡薩特可汗。薩特可汗覺，殺柴草及安允合。又有迴紇相掘羅勿者，擁兵在外，怨誅柴草、安允合，又殺薩特可汗，以㕎馺特勒為可汗。有將軍句錄末賀恨掘羅勿，走引黠戛斯，領十萬騎破迴鶻城，殺㕎馺，斬掘羅勿，燒蕩殆盡，迴鶻散奔諸蕃。有迴鶻相馺職者，擁外甥龐特勒及男鹿并遏粉等兄弟五人一十五部，西奔葛邏祿，一支投吐蕃，一支投安西，又有近可汗牙十三部以特勒烏介為可汗，南來附漢。（寅恪案：《通鑑》貳肆陸開成四年末條柴草作柴革。《考異》駁《後唐獻祖紀年錄之語》及《唐會要》玖捌迴紇條俱可參考。）

《唐會要》玖捌迴紇條云：

連年饑疫，羊馬死者被地，又大雪為災。

《新唐書・貳壹柒下・黠戛斯傳》略云：

回鶻授其君長阿熱為毗伽頓頡斤。回鶻稍衰，阿熱即自稱可汗。回鶻遣宰相伐之，不勝，拏鬥二十年不解。阿熱恃勝肆詈，回鶻不能討，其將句錄莫賀導阿熱破殺回鶻可汗，諸特勒（寅恪案：勒亦當作勤）皆潰。

寅恪案：迴紇自唐肅宗以後最爲雄大，中國受其害甚鉅，至文宗之世天災黨亂擾其內，黠戛斯崛起侵其外，於是崩潰不振矣。然考之史籍，當日中國亦非盛強之時，而能成此攘夷之偉業者，雖以李文饒之才智，恐不易致此，其主因所在，無乃由堅昆之興起，遂致迴紇之滅亡歟？斯又外族盛衰連環性之一例證也。

《新唐書・貳壹陸下・吐蕃傳》論云：

唐興，四夷有弗率者，皆利兵移之，蹶其牙，犁其庭而後已。唯吐蕃、回鶻號強雄，為中國患最久。贊普遂盡盜河湟，薄王畿為東境，犯京師，掠近輔，戕華人，謀夫虓帥環視共計，卒不得要領。晚節二姓自亡，而唐亦衰焉。

寅恪案：吐蕃之盛起於貞觀之世，至大中時，其部族瓦解衰弱，中國於是收復河湟，西北邊陲稍得安謐。計其終始，約二百年，唐代中國所受外族之患未有若斯之久且劇者也。迨吐蕃衰敗之後，其役屬之党項別部復興起焉。此党項部後裔西夏又為中國邊患，與北宋相終始。然則吐蕃一族之興廢關係吾國中古史者如是，其事跡茲篇固不能詳言，而其盛衰之樞機即與其他外族之連環性，及唐代中央政府肆應之對策即結合鄰接吐蕃諸外族，以行包圍之祕計，舊史雖亦載其概略，惜未有闡發解釋者，故不得不於此一論述之也。

李唐承襲宇文泰「關中本位政策」，全國重心本在西北一隅，而吐蕃盛強延及二百年之久。故當唐代中國極盛之時，已不能不於東北方面採維持現狀之消極政略（見下論高麗事節），而竭全國之武力財力積極進取，以開拓西方邊境，統治中央亞細亞，藉保關隴之安全爲國策也。又唐資太宗、高宗兩朝全盛之勢，歷經艱困，始克高麗，既克之後，復不能守，雖天時地勢之艱阻有以致之（亦見下文論高麗事節），而吐蕃之盛強使唐無餘力顧及東北，要爲最大原因。此東北消極政策不獨有關李唐一代之大局，即五代、趙宋數朝之國勢亦因以構成。由是言之，吐蕃一族與唐之競爭影響甚鉅，更不能不爲一論述之也。

《新唐書・捌・宣宗紀》（參考《舊唐書・壹捌下・宣宗紀》、壹玖陸下〈吐蕃傳〉、壹玖捌〈西戎傳・党項傳〉，《新唐書・貳壹陸下・吐蕃傳》、貳貳壹上〈西域傳・党項傳〉，及《唐會要》玖柒吐蕃條、玖捌党項羌條等）云：

> 〔大中〕三年二月吐蕃以秦、原、安樂三州，石門、驛藏、木峽、制勝、六盤、石峽、蕭七關歸於有司。十月吐蕃以維州歸於有司。十二月吐蕃以扶州歸於有司。
>
> 〔大中〕四年十一月党項寇邠寧。十二月鳳翔節度使李安業、河東節度使李拭為招討党項使。
>
> 〔大中〕五年三月白敏中為司空，招討南山平夏党項行營兵馬都統。四月赦平夏党項羌。八月乙巳赦南山党項羌。十月沙州人張義潮以瓜、沙、伊、肅、鄯、甘、河、西、蘭、岷、廓十一州歸於有司。

同書貳壹陸下〈吐蕃傳〉（參考《通鑑》貳肆柒會昌二年、貳肆捌會昌三年、貳肆玖大中三年諸條）略云：

〔彝泰〕贊普立幾三十年病不事，委任大臣，故不能抗中國，邊候晏然。死，以弟達磨嗣，達磨嗜酒好畋獵，喜內，且凶愎少恩，政益亂。自是國中地震裂，水泉湧，岷山崩，洮水逆流三日，鼠食稼，人饑疫，死者相枕藉，鄯廓間夜聞鼙鼓聲，人相驚。會昌二年贊普死，無子，以妃綝兄尚延力子乞離胡為贊普，始三歲，妃共治其國。大相結都那見乞離胡不肯拜，曰：「贊普支屬尚多，何至立綝氏子邪？」用事者共殺之。三年，國人以贊普立非是，皆叛去。〔尚〕恐熱自號宰相，以兵二十萬擊〔鄯州節度使尚〕婢婢。恐熱敗，單騎而逃。大中三年，婢婢引眾趨甘州西境，恐熱大略鄯、廓、瓜、肅、伊、西等州，保渭州，奉表歸唐。

寅恪案：吐蕃之破敗由於天災及內亂，觀此可知也。吐蕃中央政權統治之力既弱，故其境內諸部族逐漸離邏沙之管制而獨立，党項之興起，張義潮之來歸，皆其例也。宣宗初雖欲以兵力平定党項，而終不得不遣白敏中施招撫之策，含混了之。則河湟之恢復實因吐蕃內部之衰亂，非中國自身武力所能致，抑又可見矣。

《新唐書・貳壹陸上・吐蕃傳》略云：

是歲（長壽元年）又詔王孝傑〔等〕擊吐蕃，大破其眾，更置安西都護府於龜茲，以兵鎮守，議者請廢四鎮勿有也。崔融獻議曰：「太宗文皇帝踐漢舊跡，並南山，抵葱嶺，剖裂府鎮，煙火相望，吐蕃不敢內侮。高宗時有司無狀，棄四鎮不能有，而吐蕃遂張，入焉耆之西，長鼓右驅，踰高昌，歷車師，鈔常樂，絕莫賀延磧，以臨敦煌。今孝傑一舉而取四鎮，還先帝舊封，若又棄之，是自毀成功而破完策也。夫四鎮無守，胡兵必臨西域，西域震則威憺南羌，南羌連衡，河西必危。且莫賀延磧袤二千里，無水草，若北接虜，唐兵不可度而北，則伊西北庭安西諸蕃悉亡。」議者乃格。〔開元〕十年攻小勃律國，其王沒謹忙詒書北庭節度使張孝嵩曰：「勃律唐西門，失之，則西方諸國皆墮吐蕃。」始勃律王來朝，父事帝（玄宗），還國，置綏遠軍以捍吐蕃，故歲常戰。吐蕃每曰：「我非利若國，我假道攻四鎮爾。」

同書壹參伍〈高仙芝傳〉（參《舊唐書・壹佰肆・高仙芝傳》、《新唐書・貳貳壹下・西域傳・小勃律傳》）略云：

小勃律其王為吐蕃所誘，妻以女，故西北二十余國皆羈屬吐蕃。天寶六載詔仙芝以步騎一萬出討。八月仙芝以小勃律王及妻自赤佛道還連雲堡，與〔監軍邊〕令誠俱班師，於是拂林大食諸胡七十二國皆震懾降附。

同書貳貳貳上〈南蠻傳・南詔傳〉略云：

時（貞元時）唐兵屯京西朔方，大峙糧，欲南北並攻取故地。然南方轉饟稽期，兵不悉集。吐蕃苦唐詔掎角，亦不敢圖南詔。〔韋〕皋令〔部將武〕免按兵巂州，節級鎮守，雖南詔境，亦所在屯戍。吐蕃懲野戰數北，乃屯三瀘水，遣論妄熱誘瀕瀘諸蠻復城悉攝，悉攝吐蕃險要也。蠻酋潛導南詔與皋部將杜毗羅狙擊。〔貞元〕十七年春夜絕瀘，破虜屯，斬五百級。虜保鹿危山，毘羅伏以待。又戰，虜大奔。於時康、黑衣大食等兵及吐蕃大酋皆降，獲甲二萬首。

時虜兵三萬攻鹽州，帝（德宗）以虜多詐，疑繼以大軍，詔皋深鈔賊鄙，分虜勢。皋表：賊精鎧多置南屯，今向鹽夏，非全軍，欲掠河曲党項畜產耳。俄聞虜破麟州，皋督諸將分道出，或自西山，或由平夷，或下隴陀和石門，或徑神川、納川，與南詔會。是時回鶻、太原、邠寧、涇原軍獵其北，劍南、東川、山南兵震其東，鳳翔軍當其西，蜀南詔深入，克城七，焚堡百五十，所斬首萬級，獲鎧械十五萬，圍昆明、維州，不能克，乃班師。振武、靈武兵破虜二萬，涇原、鳳翔軍敗虜原州，惟南詔攻其腹心，俘獲最多。

《唐會要》壹佰大食條（參《舊唐書・壹玖捌・西戎傳・大食傳》、《新唐書・貳貳壹下・西域傳・大食傳》）略云：

又案賈耽《四夷述》云：貞元二年（寅恪案：舊傳作「貞元中」，新傳作「貞元時」）與吐蕃為勁敵，蕃兵大半西禦大食，故鮮為邊患，其力不足也。

寅恪案：唐關中乃王畿，故安西四鎮爲防護國家重心之要地，而小勃律所以成唐之西門也。玄宗之世，華夏、吐蕃、大食三大民族皆稱盛強，中國欲保其腹心之關隴，不能不固守四鎮。欲固守四鎮，又不能不扼據小勃律，以制吐蕃，而斷絕其與大食通援之道。當時國際之大勢如此，則唐代之所以開拓西北，遠征蔥嶺，實亦有其不容已之故，未可專咎時主之黷武開邊也。

夫中國與吐蕃既處於外族交互之複雜環境，而非中國與吐蕃一族單純之關係，故唐室君臣對於吐蕃施行之策略亦即利用此諸族相互之關係。易言之，即結合鄰接吐蕃諸外族，以爲環攻包圍之計。據上引《新唐書・南詔傳》，可知貞元十七年之大破吐蕃，乃略收包圍環攻之效者。而吐蕃與中亞及大食之關係，又韋南康以南詔制吐蕃之得策，均可於此傳窺見一二也。茲復別引史籍，以爲證明於下：

《舊唐書・壹肆拾・韋皋傳》（《新唐書・壹伍捌・韋皋傳》同）云：

皋以雲南蠻眾數十萬與吐蕃和好，蕃人入寇必以蠻為前鋒，（貞元）四年，皋遣判官崔佐時入南詔蠻，說令向化，以離吐蕃之助。

《新唐書・貳貳貳上・南蠻傳》略云：

貞元五年，（異牟尋）遺（韋）皋書曰：願竭誠日新，歸款天子，請加戍劍南、涇原等州。安西鎮守揚兵四臨，委回鶻諸國所在侵掠，使吐蕃勢分力散，不能為強，此西南隅不煩天兵可以立功云。

《舊唐書・壹貳玖・韓滉傳》（《新唐書・壹貳陸・韓休傳附滉傳》同）云：

時兩河罷兵，中土寧乂。況上言：「吐蕃盜有河湟，為日已久。大曆已前，中國多難，所以肆其侵軼。臣聞近歲已來，兵眾寖弱，西迫大食之強，北病迴紇之眾，東有南詔之防，計其分鎮之外，戰兵在河隴五六萬而已。國家第令三數良將長驅十萬眾，於涼、鄯、洮、渭並修堅城，各置二萬人，足當守禦主要，臣請以當道（寅恪案：《舊唐書・壹貳・德宗紀》上貞元元年七月丙午，兩浙節度使韓滉檢校尚書左僕射江淮轉運使）所貯蓄財賦為饋運之資，以充三年之費；然後營田積粟，且耕且戰，收復河隴二十餘州，可翹足而待也。」上（德宗）甚納其言。滉之入朝也（寅恪案：《舊唐書・壹貳・德宗紀》上貞元二年十一月兩浙節度使韓滉來朝），路由汴州，厚結劉玄佐，將薦其可任邊事。玄佐納其賂，因許之。及來覲，上訪問焉，初頗稟命，及滉以疾歸第，玄佐意怠，遂辭邊任，盛陳犬戎未衰，不可輕進。滉貞元三年二月以疾薨，遂寢其事。

同書同卷〈張延賞傳〉（《新唐書・壹貳柒・張嘉貞傳附延賞傳》同）云：

〔延賞〕請減官員，收其俸祿，資幕職戰士，俾劉玄佐收復河湟，軍用不乏矣。上（德宗）然之。初韓滉入朝，至汴州，厚結劉玄佐，將薦其可委邊任，玄佐亦欲自效，初稟命，及滉卒，玄佐以疾辭，上遣中官勞問，臥以受命。延賞知不可用，奏用李抱真，抱真亦辭不行。時抱真判官陳曇奏事京師，延賞俾曇勸抱真，竟拒絕之。蓋以延賞挾怨罷李晟兵柄，由是武臣不附。

《通鑑》貳參貳貞元三年七月條略云：

〔李〕泌曰：「臣能不用中國之兵，使吐蕃自困。」上（德宗）曰：「計將安出？」對曰：「臣未敢言之。」上固問，不對。意欲結迴紇、大食、雲南，與共圖吐蕃，令吐蕃所備者多。知上素恨迴紇，故不肯言。

同書貳參參貞元三年九月條略云：

〔李泌〕對曰：「願陛下北和迴紇，南通雲南，西結大食、天竺，如此，則吐蕃自困。」上（德宗）曰：「三國當如卿言，至於迴紇，則不可。」泌曰：「臣固知此，所以不敢早言。為今之計，當以迴紇為先，三國差緩耳。」上曰：「所以招雲南、大食、天竺奈何？」對曰：「迴紇和，則吐蕃已不敢輕犯塞矣。次招雲南，則是斷吐蕃之右臂也。大食在西域為最強，自蔥嶺盡西海，地幾半天下，與天竺皆慕中國，代與吐蕃為仇，臣故知其可招也。」

寅恪案：德宗、韋皋、韓滉、李泌等皆欲施用或略已實行包圍環攻吐蕃之政策，若非當日唐室君主及將相大臣深知諸外族相互之關係，不能致此，而李長源之論尤爲明暢。《通鑑》所載當採自《鄴侯家傳》。李繁著書雖多誇大溢美之語（如劉玄佐之入朝，實出韓滉之勸促，而《鄴侯家傳》則歸功於李泌，司馬君實謂之掠美，即是其例也。見《通鑑考異》貞元二年七月條），然校以同時關係諸史料，知其所述包環吐蕃之策要爲有所依據，不盡屬浮詞也。

前言唐太宗、高宗二朝全盛之世，竭中國之力以取高麗，僅得之後，旋即退出，實由吐蕃熾盛，唐室爲西北之強敵所牽制，不得已乃在東北方取消極退守之策略。然則吐蕃雖與高麗不接土壤，而二者間之連環關係，實影響於中夏數百年國運之隆替。今述吐蕃事竟，即續論高麗者，亦爲此連環之關係，不獨敘述次第之便利也。

隋煬帝承文帝統一富盛之後，唐太宗藉內安外攘之威，傾中夏全國之力，以攻高麗，終於退敗。煬帝竟坐是覆其宗社，而太宗亦遺恨無窮。自來史家於此既鮮卓識之議論，而唐高宗之所以暫得旋失之故復無一貫可通之解釋。鄙意高麗問題除前所謂外族盛衰之連環性外，尚別具天時、地理、人事三因素，與其他外族更有不同。其關於唐以前及以後之史事者，以非本篇範圍，不能涉及。因僅就唐代用兵高麗之本末，推論此三因素之關係，以明中國在唐以前經營東北成敗利鈍所以然之故，治史之君子儻亦有取於是歟？

唐承宇文氏「關中本位政策」，其武力重心即府兵偏置於西北一隅，去東北方之高麗甚遠。中國東北方冀遼之間其雨季在舊曆六七月間，而舊曆八九月至二三月又爲寒凍之時期。故以關中遼遠距離之武力而欲制服高麗攻取遼東之地，必在凍期已過雨季未臨之短時間獲得全勝而後可。否則，雨潦泥濘冰雪寒凍皆於軍隊士馬之進攻餱糧之輸運已甚感困難，苟遇一堅持久守之勁敵，必致無功或覆敗之禍。唐以前中國對遼東、高麗進攻之策略爲速戰速決者，其主因實在此。若由海道以取高麗，則其鄰國百濟、新羅爲形勢所關之地，於不善長海戰之華夏民族尤非先得百濟，以爲根據，難以經略高麗。而百濟又與新羅關係密切，故百濟、新羅之盛衰直接影響於中國與高麗之爭競。唐代之中國連結新羅，制服百濟，藉以攻克高麗，而國力分於西北吐蕃之勁敵，終亦不能自有，轉以爲新羅強大之資，此實當日所不及料，因成爲後來數百年世局轉捩之樞紐者也。關於高麗問題，茲引史籍以供釋證，而此事於時日先後之記載最爲重要，故節錄《通鑑》所紀唐太宗伐高麗之役於下，藉作一例。其以干支記日者悉注明數位及月建大小盡，庶幾讀者於時間之長短獲一明確印象。並略增刪《胡注》之文，附載陸路行軍出入遼東所經重要城邑距長安洛陽之遠近，讀者若取時日與道里綜合推計，則不僅此役行軍運糧之困難得知實狀，而於國史中唐前之東北問題亦可具一正確之概念也。

《通鑑》壹玖柒紀唐太宗伐高麗事略云：

上（太宗）將征高麗。〔貞觀十八年〕秋七月（大盡）辛卯（二十日）敕將作大監閻立德等詣洪、饒、江三州，造船四百艘，以載軍糧。甲午（二十三日）下詔遣營州都督張儉等帥幽營二都督兵及契丹、奚、靺鞨，先擊遼東，以觀其勢。以太常卿韋挺為饋運使，以民部侍郎崔仁師副之。自河北諸州皆受挺節度，聽以便宜從事。又命太僕少卿蕭銳運河南諸州糧入海。冬十月（大盡）甲寅（十四日）車駕行幸洛陽（**寅恪案：在今河南洛陽縣。《通典・壹柒柒・州郡典》河南府洛州去西京八百五十里**）。十一月（大盡）壬申（初二日）至洛陽。前宜州刺史鄭元璹已致仕，上以其嘗從隋煬帝伐高麗，召詣行在問之。對曰：「遼東道遠，糧運艱阻，東夷善守城，攻之不可猝下。」上曰：「今日非隋之比，公但聽之！」張儉等值遼水漲，久不得濟，上以為畏懦，召詣洛陽。甲午（二十四日）以刑部尚書張亮為平壤道行軍大總管，帥江淮嶺峽兵四萬、長安洛陽募士三千、戰艦五百艘，自萊州泛海趨平壤。又以太子詹事左衛率李世勣為遼東道行軍大總管，帥步騎六萬人及蘭河二州降胡趣遼東，兩軍合勢並進。庚子（三十日）諸軍大集於幽州（**寅恪案：在今河北薊縣。《通典・壹柒捌・州郡典》范陽郡幽州今理薊縣，去西京二千五百二十三里，去東京一千六百八十里**）。手詔諭天下，言昔隋煬帝殘暴其下，高麗王仁愛其民，以思亂之軍擊安和之眾，故不能成功。今略言必勝之道有五：一曰：以大擊小，二曰：以順討逆，三曰：以治乘亂，四曰：以逸待勞，五曰：以悅當怨，何憂不克？布告元元，勿為疑懼！十二月（小盡）甲寅（十四日）詔諸軍及新羅、百濟、奚、契丹分道擊高麗。

〔貞觀〕十九年春正月（小盡），韋挺坐不先行視漕渠，運米六百餘艘至盧思臺側（《胡注》云：盧思臺去幽州八百里，此漕渠蓋即曹操伐烏丸所開泉州渠也），淺塞不能進，械送洛陽。丁酉（二十八日）除名，以將作少監李道裕代之，崔仁師亦坐免官。二月（大盡）庚戌（十二日）上自將諸軍發洛陽。是月李世勣軍至幽州。三月（小盡）丁丑（十九日）車駕至定州（寅恪案：在今河北定縣。《通典・壹柒捌・州郡典》博陵郡定州今理安喜縣，去西京二千一百里，去東京一千二百十里）。丁亥（十九日）上謂侍臣曰：「遼東本中國之地，隋氏四出師而不能得，朕今東征，欲為中國報子弟之仇，高麗雪君父之恥耳。且方隅大定，惟此未平，故及朕之未老，用士大夫餘力以取之。」上將發，太子（高宗）悲泣數日，上曰：「今留汝鎮守，輔以賢俊，悲泣何為？」壬辰（二十四日）車駕發定州。李世勣軍發柳城（寅恪案：在今熱河朝陽縣。《通典・壹柒捌・州郡典》柳城郡營州今理柳城縣，去西京五千里，去東京四千一百一十里）。多張形勢，若出懷遠鎮者（寅恪案：《新唐書・參玖・地理志》營州柳城郡有懷遠守捉城）。而潛師北趣甬道，出高麗不意。夏四月（大盡）戊戌朔（初一日）世勣自通定濟遼水（《胡注》云：通定鎮在遼水西，隋大業八年伐遼所置，甬道隋起浮橋渡遼水所築。寅恪案：《通典》壹柒捌柳城郡營州至遼河四百八十里），至玄菟（寅恪案：《三國志・魏志・參拾・東夷傳・東沃沮傳》云：〔漢武帝〕以沃沮城為玄菟郡，後為夷貊所侵，徙郡勾麗西北，今所謂玄菟府是也。《胡注》云：有遼山，遼水所出），高麗大駭，城邑皆閉門自守。壬寅（初五日）遼東道副大總管江夏王道宗將兵數千至新城（寅恪案：在今遼寧瀋陽縣西北），城中無敢出者。營州都督張儉將胡兵為前鋒，進渡遼水，趨建安城（《胡注》云：自遼東城西行三百里至建安城。《胡注》蓋依據《新唐書・肆參下・地理志》引賈耽所記入四夷道里也）。丁未（初十日）車駕發幽州。壬子（十五日）李世勣、江夏王道宗攻高麗蓋牟城（《胡注》云：蓋牟城在遼東城東北。寅恪案：在今遼寧蓋平縣）。丁巳（二十日）車駕至北平（《胡注》云：此古北平也，舊志平州隋為北平郡。寅恪案：在今河北盧龍縣。《通典・壹柒捌・州郡典》北平郡平州今理盧龍縣，東北到柳城郡七百里，去西京四千三百二十里，去東京三千五百二十里）。癸亥（二十六日）李世勣等拔蓋牟城，獲二萬餘口，糧十餘萬石。張亮率舟師自東萊渡海，襲卑沙城（寅恪案：《隋書・陸肆・來護兒傳》云：「〔大業〕十年又帥師渡海，至卑奢城，高麗舉國來戰，護兒大破之，斬首千餘級，將趨平壤，高元震懼，遣使執叛臣斛斯政，詣遼東城下，上表請降。〔煬〕帝許之，遣人持節召護兒旋師。」卑奢城即卑沙城也，可以參證），程名振引兵夜至，副總管王大度先登，五月（小盡）己巳（初二日）拔之。分遣總管丘孝忠等曜兵於鴨綠水（寅恪案：《通典・壹捌陸・邊防典・高句麗》傳云：馬訾水一名鴨綠水，在平壤城西北四百五十里，遼水東南四百八十里。《胡注》云：《漢書》謂之馬訾水，今謂之混同江）。李世勣進至遼東城下（寅恪案：在今遼寧遼陽縣北）。庚午（初三日）車駕至遼澤，泥淖二百餘里，人馬不可通，將作大監閻立德布土作橋，軍不留行。壬申（初五日）渡澤東。乙亥（初八日）高麗步騎四萬救遼東，既合戰，唐兵不利。〔江夏王〕道宗收散卒，與驍騎數十衝之，左右出入，李世勣引兵助之，高麗大敗。丁丑（初十日）車駕渡遼水，撤橋以堅士卒之心。李世勣攻遼東城，晝夜不息，旬有二日。上引精兵會之，甲申（十七日）遂克之。所殺萬餘人，得勝兵萬餘人，男女四萬口，以其城為遼州。乙未（二十八日）進軍白巖城（**寅恪案：在今遼寧遼陽縣東北**）。六月（大盡）丁酉朔（初一日）城主孫代音請降，上受其降，以白巖城為巖州。丁未（十一日）車駕發遼東。丙辰（二十日）至安市城（**寅恪案：在今遼寧蓋平縣東北**），進兵攻之。丁巳（二十一日）北部耨薩延壽、惠真帥高麗、靺鞨兵十五萬救安市。上謂侍臣曰：「今為延壽策有三：引兵直前，連安市城為壘，攻之不可猝下，欲歸則泥潦為阻，坐困吾軍，上策也。拔城中之眾，與之宵遁，中策也。來與吾戰，下策也。」高麗有對盧，年老習事，謂延壽曰：「為吾計者，莫若頓兵不戰，曠日持久，遣奇兵斷其運道，糧食既盡，求戰不得，欲歸無路，乃可勝也。」延壽不從，引軍直進，去安市城四十里。江夏王道宗曰：「高麗傾國以拒王師，平壤之守必弱，假臣精卒五千覆其本根，則數十萬眾可不戰而降。」上不應。戊午（二十二日）諸軍並進，高麗兵大潰，斬首二萬餘級。己未（二十三日）延壽、惠真帥其眾三萬六千八百人〔來〕降。獲馬五萬匹，牛五萬頭，鐵甲萬領，佗器械稱是。高麗舉國大駭，上驛書報太子，更名所幸山曰駐蹕山。秋七月（大盡）辛未（初五日）上徙營安市城東嶺。上之克白巖也，謂李世勣曰：「吾聞安市城險而兵精，建安兵弱而糧少，公可先攻建安，建安下，則安市在吾腹中。」對曰：「建安在南，安市在北，吾軍糧皆在遼東，若賊斷吾糧道，將若之何？不如先攻安市，安市下，則取建安耳。」上曰：「以公為將，安得不用公策。」世勣遂攻安市，攻久不下。高延壽、惠真請於上曰：「安市人自為戰，未易猝拔，烏骨城（**寅恪案：在今遼寧蓋平縣東境地**）耨薩老耄，不能堅守，移兵臨之，朝至夕克，其餘當道小城望風奔潰，鼓行而前，平壤必不守矣。」群臣亦曰：張亮在沙城（《胡注》云：沙城即卑沙城），召之，信宿可至。併力拔烏骨城，渡鴨綠水，直取平壤，在此舉矣。上將從之，獨長孫無忌以為建安城之虜眾猶十萬，若向烏骨，皆躡吾後，不如先破安市，取建安，然後長驅而進，此萬全之策也。上乃止。諸軍急攻安市，江夏王道宗督眾築土山逼其城，晝夜不息，凡六旬，用功五十萬。上以遼左早寒，草枯泉凍，士馬難久留，且糧食將盡，九月大盡（**寅恪案：是年八月大盡**）。癸未（十八日）敕班師，命李世勣、江夏王道宗將步騎四萬為殿。乙酉（二十日）至遼東。丙戌（二十一日）渡遼水。遼澤泥潦，車馬不通，命長孫無忌將萬人剪草填道，以車為梁，上自繫薪於馬鞘以助役。冬十月（小盡）丙申朔（初一日）上至蒲溝駐馬，督填道諸軍，渡勃錯水（《胡注》云：蒲溝勃錯水皆在遼澤中）。暴風雪，士卒沾溼，多死者。凡征高麗戰士死者幾二千人，戰馬死者什七八，上以不能成功，深悔之。嘆曰：「魏徵若在，不使我有是行也。」命馳驛祀徵以少牢，復立所製碑，召其妻子詣行在勞之。丙午（十一日）至營州，丙辰（二十一日）上聞太子奉迎將至，從飛騎三千人馳入臨榆關（**寅恪案：《通典·壹柒捌·州郡典》北平郡平州盧龍縣臨榆關在縣城東一百八十里據此當即今山海關地**），道逢太子。上之發定州也，指所御褐袍謂太子曰：「俟見汝，乃易此袍耳。」在遼左雖盛暑流汗弗之易，及秋穿敗，左右請易之，上曰：「軍士衣多弊，吾猾御新衣可乎？」至是太子進新衣，乃易之。十一月（大盡）辛未（初七日）車駕至幽州。庚辰（十六日）過易州境（**寅恪案：今河北易縣。《通典》壹柒捌上谷郡易州，去西京二千一百九十七里，去東京一千四百六十二里**），丙戌（二十二日）車駕至定州。壬辰（二十八日）車駕發定州。十二月（小盡）戊申（十四日）至并州（《通典·壹柒玖·州郡典》太原府并州今理太原、晉陽二縣，去西京一千三百里，去東京八百八十五里。（**寅恪案：唐代州治在今山西太原省會西南三十里**）。

（貞觀）二十年二月（大盡）乙未（初二日）上發并州。三月（小盡）己巳（初七日）車駕還京師（**寅恪案：即今西安市**）。上謂李靖曰：「吾以天下之眾困於小夷，何也？」靖曰：「此道宗所解。」上顧問江夏王道宗，具陳在駐蹕時乘虛取平壤之言。上悵然曰：「當時匆匆，吾不憶也！」

寅恪案：唐太宗之伐高麗，於貞觀十八年秋冬間著手準備，至半歲之後，即貞觀十九年二月間太宗發洛陽，李世勣會集陸軍即高戰鬥主力於幽州，於是開始出動，蓋非俟至氣候稍暖之時不能於東北行軍也。又歷二月之久至五月初，李世勣軍進至遼東城下，太宗亦於此時渡遼澤，但爲泥淖阻滯至一星期之久，始與世勣會兵，其軍行已嫌遲緩，及攻圍遼東城，經十有二日方能克之，已在五月中旬將盡之際矣。又頓兵安市，由六月二十日至九月十八日三月之久而不能克取其城。遼左秋晚氣候轉變，糧道不通，若不急速班師，則將全軍覆沒。江夏王道宗出奇之計，高延壽、惠眞攻烏骨之策及太宗越安市先取建安之議實皆不可施行，祇爲快意之談耳，觀李世勣、長孫無忌等之言可知也。至太宗雖經寒暑不肯易弊褐一事傳爲美談，實則太宗明知此役利在速戰速決，若至秋季不能復衣褐袍之時，無論成敗如何，斷不能不班師歸來，與太子相見。故不妨先作豪語，以收人心，斯亦英雄權譎之一端歟？又張亮等雖克卑沙，竟無大效者，殆以從海道攻高麗，與百濟之關係甚大，觀於同一李世勣之人在太宗貞觀時不能克高麗，而在高宗總章時能滅其國者，固由敵人有內亂可乘，而百濟先已取得，要爲其主因之一也。其他史籍所載太宗伐高麗之功績多是官書諱飾其失敗之詞，既不足信，故亦可不辨。

《新唐書・貳貳拾・東夷傳・高麗傳》（參《舊唐書・壹玖玖上・東夷傳・高麗傳》、《唐會要》玖伍高句麗條）略云：

〔泉〕蓋蘇文死，子男生代為莫離支，與弟男建、男產相怨。男生據國內城，遣子獻誠入朝求救，蓋蘇文弟亦請割地降。〔乾封元年〕九月〔龐〕同善破高麗兵，男生率師來會。以李勣為東道行軍大總管，轉燕趙食廥遼東。明年勣次新城，城人縛戍酋出降，勣進拔城十有六。郭待封以舟師濟海趨平壤。三年（是歲改元總章）勣率〔薛〕仁貴拔扶餘城，它城三十皆納款。侍御史賈言忠計事還，帝（高宗）問：「軍中云何？」對曰：「必克。先帝（太宗）問罪所以不得志者，虜未有釁也。今男生兄弟鬩很，為我鄉導，虜之情偽我盡知之，故曰必克。」男建以兵五萬襲扶餘，勣破之薩賀水上，進拔大行城，契苾何力會勣軍於鴨綠水上，拔辱夷城，悉師圍平壤。九月勣縱兵譟而入〔城〕，執〔高麗王高〕藏男建等，收凡五部七十六城戶六十九萬，剖其地為都督府者九，州四十二，縣百。後復置安東都護府，擢酋豪有功者，授都督刺史令，與華官參治，仁貴為都護，總兵鎮之。總章二年大長鉗（鉗《通鑑》壹佰壹咸亨元年條作劍）牟岑率眾反，立藏外孫安舜為王。詔高偘〔等〕討之，舜殺鉗牟岑，走新羅。偘徙都護府治遼東州。儀鳳二年授藏遼東都督，封朝鮮郡王，還遼東，以安餘民。徙安東都護府於新城。藏以永淳初死，舊城往往入新羅，遺人散奔突厥靺鞨。

《舊唐書・壹玖玖上・東夷傳・新羅傳》（參《新唐書・貳貳拾上・東夷傳・新羅傳》、《唐會要》玖伍新羅條）略云：

太宗將親伐高麗，詔新羅纂集士馬，應接大軍。新羅遣五萬人入高麗南界，攻水口城，降之。〔貞觀〕二十一年〔新羅王金〕善德卒，立其妹真德為王。永徽元年真德大破百濟之衆。三年真德卒，以春秋嗣立為新羅王。六年百濟與高麗、靺鞨率兵侵其北界，攻陷三十餘城，春秋遣使上表求救。顯慶五年命左衛大將軍蘇定方為熊津道大總管，統水陸十萬，仍令春秋為嵎夷道行軍總管與定方討平百濟，俘其王扶餘義慈獻於闕下。龍朔元年法敏襲王。咸亨五年納高麗叛衆，略百濟地，守之。帝（高宗）怒，以其弟仁問為新羅王，自京師歸國，詔劉仁軌〔等〕發兵窮討，破其衆於七重城。詔以李謹行為安東鎮撫大使，屯買肖城，三戰，虜皆北，法敏遣使入朝謝罪，仁問乃還（自「龍朔元年」至「仁問乃還」一節為新傳之文）。自是新羅漸有高麗、百濟之地，其界益大，西至於海。

《唐會要》玖伍百濟條（參考《舊唐書》壹玖玖上《新唐書》貳貳拾〈百濟傳〉）略云：

百濟者乃扶餘之別種，當馬韓之故地，大海之北，小海之南，東北至新羅，西至越州，南渡海至倭國，與新羅為仇讎。貞觀十六年與高麗通和，以絕新羅入朝之道。太宗親征高麗，百濟懷二，數年之間朝貢遂絕。顯慶五年八月十三日左衛大將軍蘇定方討平之，虜其王義慈及太子崇將校五十八人送於京師。其國分為五部，統郡三十七，城二百，户七十六萬。至是以其地置熊津、馬韓、東明、金漣、德安等五都督府，各統州縣，立其酋長為都督刺史縣令，合左衛郎將王文度為都統，總兵以鎮之。〔舊將〕福信與浮屠道琛反，迎故王子扶餘豐於倭，立為王。龍朔元年〔劉〕仁軌發新羅兵往救，二年〔劉〕仁願遣劉仁軌破〔其眾〕，豐走，不知所在，諸城皆復。帝（高宗）以扶餘隆為熊津都督，俾歸國，平新羅舊憾，招還遺人。麟德二年與新羅王會熊津，刑白馬以盟，仁願等還，隆畏眾攜散，亦歸京師。（自「福信與浮屠道琛反」至「亦歸京師」一節為新傳之文。）

《新唐書・貳壹陸上・吐蕃傳》（參《舊唐書・壹玖陸上・吐蕃傳》及《舊唐書》捌參《新唐書》壹壹壹〈薛仁貴傳〉）略云：

自是歲入邊，破有諸羌羈縻十二州。總章中，議徙吐谷渾於涼州，傍南山。帝（高宗）刈吐蕃之入，召宰相等議先擊吐蕃，議不決，亦不克徙。咸亨元年入殘羈縻十八州，率于闐取龜茲撥換城，於是安西四鎮並廢。詔薛仁貴為邏娑道行軍大總管，阿史那道真、郭待封副之，出討吐蕃，並護吐谷渾還國，師凡十余萬，至大非川，為欽陵所拒，王師敗績，遂滅吐谷渾，而有其地。

寅恪案：高麗時代高宗獲勝之重要原因在乘高麗之內亂及據新羅、百濟之形勢。然既得其國，而終不能有，則以吐蕃熾盛，西北危急，更無餘力經營東北。觀其徙新克高麗勝將薛仁貴以討吐蕃，而致大敗之事可知也。自此以後，高麗廢而新羅、渤海興，唐室對於東北遂消極採退守維持現狀之政策。惟大同江以南之地實際雖不能有，而名義尚欲保留，及至玄宗開元全盛之時，即此虛名亦予放棄，斯誠可謂唐代對外之一大事。

《冊府元龜・玖柒壹・外臣部朝貢門》云：

〔開元二十四年〕六月，新羅王金興光遣使獻表曰：「伏奉恩敕：浿江已南宜令新羅安置！臣生居海裔，沐化聖朝，雖丹素為心，而功無可效，以忠正為事，而勞不足賞。陛下降雨露之恩，發日月之詔，錫臣土境，廣臣邑居，遂使墾闢有期，農桑得所，臣奉絲綸之旨榮寵之深，粉骨糜身，無由上答。」

南詔與其他外族盛衰之連環性，觀前引關於吐蕃諸條，其概略已可推知。吐蕃之國勢自貞元時開始衰弱，文宗以後愈見不振，中國自韋皐帥蜀，定與南詔合攻吐蕃之策，南詔屢得勝利，而中國未能增強，大和三年南詔遂陷邛、戎、巂三州，入掠成都（見《舊唐書》壹玖柒《新唐書》貳貳貳中〈南蠻傳・南詔傳〉，及《舊唐書・壹玖參・杜元穎傳》、《新唐書・玖陸・杜如晦傳附元穎傳》），西川大困。《通鑑》貳肆玖大中十二年六月條略云：

初安南都護李琢為政貪暴，群蠻怨怒，導南詔侵盜邊境，自是安南始有蠻患。

同書同卷大中十三年末條略云：

初，韋臯在西川開青溪道以通群蠻，使由蜀入貢。又選群蠻子弟，聚之成都教以書數，欲慰悅羈縻之。如是五十年，群蠻子弟學於成都者，殆以千數，軍府頗厭於稟給。又蠻使入貢，利於賜與，所從傔人浸多，杜悰為西川節度使，奏請節減其數，詔從之。南詔豐祐怒，自是入貢不時，頗擾邊境。會宣宗崩，中使告哀，豐祐亦卒，子酋龍立，禮遇〔使者〕甚薄。上（懿宗）以酋龍不遣使來告喪，又名近玄宗諱，遂不行冊禮。酋龍乃自稱皇帝，遣兵陷播州。

《胡注》云：

為南詔攻蜀攻交趾張本。

然則，宣宗末世南詔始大爲邊患。其強盛之原因則緣吐蕃及中國既衰，其鄰接諸國俱無力足與爲敵之故，此所謂外族盛衰連環性也。至中國內政所受之影響直關唐室之覆亡，不僅邊境之患而已，當別於後述之，茲暫不涉及。又凡唐代中國與外族之關係今已論其重要者，其餘雖從略，然可以前所言之義例推之也。

中國無論何代，即當堅持閉關政策之時，而實際終難免不與其他民族接觸，李唐一代其與外族和平及戰爭互相接觸之頻煩，尤甚於以前諸朝，故其所受外族影響之深且鉅，自不待言。但關於宗教文化者，固非今所論之範圍，即直接有關內部政治者，亦只能舉一二大事，以爲例證，未遑詳盡論述之也。

《鄴侯家傳》論府兵廢止之原因，其一爲長期兵役，取劉仁軌任洮河鎮守使爲例證（見《玉海・壹參捌・兵制》參所引，《通鑑》貳參貳貞元二年八月條亦採自《鄴侯家傳》也）。蓋唐代府兵之制其特異於西魏、北周之時期者，實在設置軍府地域內兵農之合一。吐蕃強盛之長久，爲與唐代接觸諸外族之所不及，其疆土又延包中國西北之邊境，故不能不有長期久戍之「長征健兒」，而非從事農業之更番衛士所得勝任。然則《鄴侯家傳》所述誠可謂一語破的，此吐蕃之強盛所給予唐代中國內政上最大之影響也。（關於府兵制前期問題，詳見拙著《隋唐制度淵源略論稿・兵制》章，茲可不論，惟唐代府兵爲兵農合一制一點，恐讀者尚持葉水心兵農分離說而不之信，請略舉一二例證，以祛其疑焉。一爲《通典・陸・食貨典》賦稅下載唐高宗龍朔三年七月制「衛士八等已下每年放還，令出軍，仍免庸調」，此制之前載（高祖武德）九年三月詔「天下戶立三等，未盡升降，宜爲九等」之文。故可據以推定龍朔三年七月制中「八等」之「等」乃指戶籍等第而言，然則此制與其初期僅籍六等以上豪戶者不同，即此制已推廣普及於設置軍府地域內全部人民之確證也。二爲戈本《貞觀政要・貳・直諫類》貞觀三年詔關中租稅免二年條（參《唐會要》捌伍團貌雜錄條及《魏鄭公諫錄》）略云：

右僕射封德彝等並欲中男十八已上簡點入軍，敕三四出。（魏）徵奏以為不可。太宗怒，乃出敕：「中男已上雖未十八，身形壯大，亦取！」徵又不從。太宗曰：「中男若實小，自不點入軍，若實大，亦可簡取。」徵曰：「若次男已上盡點入軍，租賦雜徭將何取給？且比年國家衛士不堪攻戰豈為其少？若精簡壯健，人百其勇，何必在多？」

《通鑑》壹玖貳武德九年十二月亦載此事，《胡注》云：

唐制民年十六為中男，十八始成丁，二十一為丁，充力役。

據魏徵「租賦雜傜將何取給」之語推之，則當日人民未充衛士時亦須擔負租賦雜傜之義務，是一人之身兼充兵務農之二業也，豈非唐代府兵制兵農合一之明證乎？（斯事今不能詳論，僅略述大意，附注於此。）

迴紇與中國摩尼教之關係，論者頗衆，又不屬本書範圍，自可不言。其族類與中國接觸，而影響及戰時之財政經濟者，亦非所欲論，茲僅略述迴紇與中國在和平時期財政經濟之關係於下：

《新唐書・伍拾・兵志》云：

乾元後迴紇恃功，歲入馬取繒，馬皆病弱不可用。

同書伍壹〈食貨志〉云：

迴紇有助收西京功，代宗厚遇之，與中國婚姻，歲送馬十萬匹，酬以縑帛百餘萬匹，而中國財力屈竭，歲負馬價。

《舊唐書・壹貳柒・源休傳》略云：

〔迴紇〕可汗使謂休曰：「所欠吾馬直絹一百八十萬匹，當速歸之！」

同書壹玖伍〈迴紇傳〉（參《新唐書・貳壹柒上・回鶻傳》）略云：

迴紇恃功，自乾元之後屢遣使以馬和市繒帛，仍歲來市，以馬一匹易絹四十匹（新傳絹作縑）。動至數萬馬，其使候遣，繼留於鴻臚寺者非一。蕃得帛無厭，我得馬無用，朝廷甚苦之。是時特詔軍賜遣之，示以廣恩，且俾知愧也。是月（大曆八年十一月）迴紇使使赤心領馬一萬匹來求市，代宗以馬價出於租賦，不欲重困於民，命有司量入計，許市六千匹。〔貞元〕八年七月，以迴紇藥羅葛靈檢校右僕射，仍給市馬絹七萬匹。回鶻請和親，憲宗使有司計之，禮費約五百萬貫，方內有誅討，未任其親。

《新唐書・貳壹柒上・回鶻傳》（參考《李相國論事集》）略云：

〔回鶻〕遣伊難珠再請昏，未報，可汗以三千騎至鸊鵜泉。於是振武以兵屯黑山，治天德城備虜。禮部尚書李絳奏言：「北狄貪沒，唯利是視，比進馬規直，再歲不至，豈厭繒帛之利哉？殆欲風高馬肥，而肆侵軼。北狄西戎素相攻討，故邊無虞。今回鶻不市馬，若與吐蕃結約解讎，則將臣閉壁憚戰，邊人拱手受禍，臣謂宜聽其昏，使守藩禮。或曰：降主費多，臣謂不然。我三分天下賦，以一事邊，今東南大縣賦歲二十萬緡，以一縣賦為昏貲，非損寡得大乎？今惜昏費不與，假如王師北征，兵非三萬，騎五千，不能扞且馳也。又如保十全之勝，一歲輒罷，其饋餉供擬豈止一縣賦哉？」帝（憲宗）不聽。

《白氏長慶集．肆．新樂府》云：

陰山道。疾貪虜也。

陰山道，陰山道，紇邏敦肥水泉好。每歲戎人送馬時，道旁千里無纖草。草盡泉枯馬病羸，飛龍但印骨與皮。五十匹縑易一匹，縑去馬來無了日。養無所用去非宜，每歲死傷十六七。縑絲不足女工苦，疏織短截充匹數。藕絲蛛網三丈餘，迴紇訴稱無用處。咸安公主號可敦，遠為可汗頻奏論。元和二年下新敕，內出金帛酬馬直。仍詔江淮馬價縑，從此不令疏短織。合羅將軍呼萬歲，捧受金銀與繒綵。誰知黠虜啓貪心，明年馬來多一倍。縑漸好，馬漸多。陰山虜，奈爾何！

寅恪案：唐與迴紇在和平時之關係中，馬價爲國家財政之一大問題，深可注意。李絳所

言許昏迴紇之利，憲宗豈是不知？而終不聽者，實以中國財力有所不及，故寧可吝惜昏費，而僥倖其不來侵邊境也。白香山《新樂府》之〈陰山道〉一詩即寫當日之實狀者，據《舊唐書・肆捌・食貨志》（《通典・陸・食貨典・租稅下》同）云：

開元八年正月敕：「頃者以庸調無憑，好惡須準，故遣作樣，以頒諸州，令其好不得過精，惡不得至濫，任土作貢，防源斯在。而諸州送物，作巧生端，苟欲副於斤兩，遂則加其丈尺，至有五丈為匹者，理甚不然。闊一尺八寸，長四丈，同文共軌，其事久行，立樣之時，亦載此數，若求兩而加尺，甚暮四而朝三，宜令有司簡閱，有踰於比年常例，丈尺過多，奏聞！」

然則唐代定制，絲織品以四丈爲一疋，而迴紇馬價縑一疋長止三丈餘，且疏織，宜召迴紇之怨訴。唐室之應付此項財政困難問題，計出於無聊，抑又可知矣。

又迴紇在和平時期，與唐代中國政府財政關係既如上述之例，其與中國人民經濟關係亦有可略言者。《冊府元龜・玖柒玖・外臣部和親門》（參考《舊唐書・壹參參・李晟傳附甚傳》）云：

大和五年六月有龍武大將軍李甚之子某借迴紇錢一萬一千二百貫不償，為迴紇所訴，貶甚宣州別駕。下詔戒飭曰：「如聞頃來京城內衣冠子弟及諸軍使並商人百姓等多有舉諸蕃客本錢，歲月稍深，徵索不得，致蕃客停滯，市易不合及時。自今已後，諸色人宜准敕互市外，不得輒與蕃客交關，委御史臺及京兆府切加捉搦，仍即作件聞奏，其今日已前所欠負委府縣速與懲理處分！」

又《新唐書・貳壹柒上・回鶻傳》（參考《舊唐書・壹貳柒・張光晟傳》及《通鑑》貳陸建中元年八月甲午條）云：

始迴紇至中國，常參以九姓胡，往往留京師，至千人，居貲殖產甚厚。（上篇已引。）

據《新唐書・貳貳壹下・西域傳・康國傳》（上篇已引），九姓胡即中亞昭武九姓族類，所謂西域賈胡者是也。其假借迴紇勢力僑居中國，居貲殖產，殆如今日猶太商人假借歐美列強勢力來華通商致富之比耶？斯亦唐代中國在和平時期人民所受外族影響之一例也。

《新唐書・壹肆捌・康日知傳附承訓傳》（參考《舊唐書・壹玖上・懿宗紀》咸通四年五年九年十年諸條，及《新唐書・壹壹肆・崔融傳附彥曾傳》等）略云：

咸通中南詔復盜邊，武寧兵七百戍桂州（寅恪案；《新唐書・陸伍・方鎮表》武寧軍節度使治徐州），六歲不得代。列校許佶、趙可立因眾怒，殺都將，詣監軍使丐糧鎧北還，不許，即擅斧庫，劫戰械，推糧料判官龐勛為長，勒眾上道。懿宗遣中人張敬思部送，詔本道觀察使崔彥曾慰安之，次潭州，監軍詭奪其兵，勛畏必誅，篡舟循江下，益裒兵，招亡命，遂入徐州，據之。帝遣中人康道隱宣慰徐州，道隱還，固求節度。帝乃拜承訓檢校尚書右僕射義成軍節度使徐泗行營都招討使，率魏博、鄜延、義武、鳳翔、沙陀吐渾兵二十萬討之。勛以〔其父〕舉直守徐州（承訓使降將張玄稔破徐州），勛聞徐已拔，自石山而西，所在焚掠。承訓悉兵八萬逐北，沙陀將朱邪赤衷急追。至宋州，勛焚南城，為刺史鄭處沖所破，將南趨亳。承訓兵循渙而東，賊走蘄縣，官兵斷橋，不及濟，承訓乃縱擊之，斬首萬級，餘皆溺死，閱三日，得勛屍。

《舊唐書・壹玖下・僖宗紀》（參考《舊唐書・壹陸壹・李光顏傳》，《新唐書・壹陸伍・鄭餘慶傳附從讜傳》、壹陸柒〈王播傳附式傳〉、壹柒壹〈李光顏傳〉、壹捌捌〈楊行密傳〉、壹捌玖〈高仁厚傳〉、貳佰捌〈宦者傳下・田令孜傳〉、貳壹肆〈藩鎮澤潞・劉悟傳〉，又同書肆參下〈地理志〉羈縻州迴紇州雞田州條、陸肆〈方鎮表〉興鳳隴欄大中五年條等）略云：

乾符四年十二月（黃巢）賊陷江陵之郛，〔荊南節度使楊〕知溫求援於襄陽，山南東道節度使李福悉其師援之。時沙陀軍五百騎在襄陽，軍次荊門，騎軍擊賊，敗之，賊盡焚荊南郛郭而去。

中和三年四月庚辰收復京城，天下行營兵馬都監楊復光上章告捷曰：「雁門節度使李克用殺賊無非手刃，入陣率以身先，忠武黃頭軍使龐從等三十二都隨李克用自光泰門入京師，力摧凶逆。伏自收平京國，三面皆立大功，若破敵摧鋒，雁門實居其首。」五月王鐸罷行營都統。時中尉田令孜用事，自負帷幄之功，以鐸用兵無功，而復光建策召沙陀，成破賊之效，欲權歸北司，乃黜王鐸，而悅復光也。（中和三年五月條中篇已引。）

寅恪案：唐中央政府戰勝龐勛、黃巢，實賴沙陀部落之助，蓋府兵制度破壞已久之後，捨胡兵外，殆不易得其他可用之武力也。至黃頭軍疑出自迴紇，與沙陀同爲胡族。茲以其問題複雜，史料闕少，未能於此詳論。總之，觀於唐季朝廷之忍恥曲宥沙陀，終收破滅黃巢之效，則外族與內政關係之密切可以推知也。

又《新唐書・貳貳貳中・南蠻傳・南詔傳》（參《通鑑》貳伍參廣明元年條及《胡注》）云：

會西川節度使陳敬瑄重申和議，時盧攜復輔政，與豆盧瑑皆厚〔主和之高〕駢，乃譎說帝（僖宗）曰：「宣宗皇帝收三州七關，平江嶺以南，至大中十四年內庫貲積如山，戶部延資充滿，故宰相〔白〕敏中領西川，庫錢至三百萬緡，諸道亦然。咸通以來，蠻始叛命，再入安南邕管，一破黔州，四盜西川，遂圍盧耽，召兵東方，戍海門，天下騷動，十有五年，賦輸不內京師者過半，中藏空虛，士死瘴癘，燎骨傳灰，人不念家，亡命為盜，可為痛心！」

自咸通以後，南詔侵邊，影響唐財政及內亂頗與明季之「遼餉」及流寇相類，此誠外患與內亂互相關係之顯著例證也。夫黃巢既破壞東南諸道財富之區（見上篇所引《舊唐書・壹肆・憲宗紀》上元和二年十二月己卯史官李吉甫撰《元和國計簿》條），時溥復斷絕南北運輸之汴路（詳見崔致遠《桂苑筆耕集》及拙著《秦婦吟校箋》），藉東南經濟力量及科舉文化以維持之李唐皇室，遂不得不傾覆矣。史家推跡龐勛之作亂，由於南詔之侵邊，而勛之根據所在適爲汴路之咽喉，故宋子京曰：「唐亡於黃巢，而禍基於桂林。」（《新唐書・南詔傳》論）。嗚呼！世之讀史者儻亦有感於斯言歟？

附錄

論唐高祖稱臣於突厥事

吾民族武功之盛，莫過於漢唐。然漢高祖困於平城，唐高祖亦嘗稱臣於突厥，漢世非此篇所論，獨唐高祖起兵太原時，實稱臣於突厥，而太宗又為此事謀主，後來史臣頗諱飾之，以至其事之本末不明顯於後世。夫唐高祖太宗迫於當時情勢不得已而出此，僅逾十二三年，竟滅突厥而臣之，大恥已雪，奇功遂成，又何諱飾之必要乎？茲略取舊記之關於此事者，疏通證明之，考興亡之陳跡，求學術之新知，特為拈出此一重公案，願與當世好學深思讀史之有心人共參究之也。

《舊唐書・陸柒・李靖傳》（參《新唐書・貳壹伍上・突厥傳》、《貞觀政要・貳・任賢》篇、《大唐新語・柒・容恕》篇）云：

> 太宗初聞靖破頡利，大悅，謂侍臣曰：朕聞「主憂臣辱，主辱臣死。」往者國家草創，太上皇（高祖）以百姓之故，稱臣於突厥，朕未嘗不痛心疾首，志滅匈奴，坐不安席，食不甘味，今者暫動偏師，無往不捷，單於款塞，恥其雪乎。

寅恪案：太宗所謂國家草創，即指隋末高祖起兵太原之時，當此時，中國與突厥之關係爲何如乎？試觀《通典・壹玖柒・邊防典》突厥條上（參《新唐書・貳壹伍上・突厥傳》、《唐會要》玖肆北突厥條）云：

及隋末亂離，中國人歸之者甚眾，又更強盛，勢凌中夏，迎蕭皇后，置於定襄，薛舉竇建德王世充劉武周梁師都李軌高開道之徒，雖僭尊號，俱北面稱臣，東自契丹，西盡吐谷渾高昌諸國皆臣之，控弦百萬，戎狄之盛，近代未有也。大唐起義太原，劉文靜聘其國，引以為援。

則知隋末中國北方群雄幾皆稱臣於突厥，爲其附庸，唐高祖起兵太原，亦爲中國北方群雄之一，豈能於此獨爲例外？故突厥在當時實爲東亞之霸主，史謂「戎狄之盛，近代未有。」誠非虛語，請更引史傳以證釋之。

《舊唐書・伍伍・劉武周傳》（參《新唐書・捌陸・劉武周傳》）略云：

突厥立武周為定楊可汗，遺以狼頭纛，因僭稱皇帝，建元為天興。

《資治通鑑・壹捌參・隋紀柒》略云：

恭帝義寧元年（即煬帝大業十三年）突厥立〔劉〕武周為定楊可汗，遺以狼頭纛，武周即皇帝位，改元天興。

《通鑑考異》云：

《新舊唐書》武周皆無國號，惟《創業起居注》云，國號定楊。

《通鑑》此條《胡注》云：

言將使之定楊州也。

《大唐創業起居注》上云：

大業十三年二月己丑，馬邑軍人劉武周殺太守王仁恭，據其郡而自稱天子，國號定楊，武周竊知煬帝於樓煩築宮厭當時之意，故稱天子，規而應之。

寅恪案：胡氏釋定楊爲定楊州，楊揚雖古通用，然楊爲隋之國姓，似以定楊隋爲釋較胡說之迂遠爲勝，至《創業起居注》以「國號定楊」爲言者，蓋突厥錫封劉武周爲定楊可汗，溫大雅於此頗有所諱，故以「國號定楊」爲言，司馬君實不解此意，而疑兩《唐書》與《創業起居注》異，其實武周之所謂國號即其所受突厥之封號也。

《新唐書・捌柒・梁師都傳》（參《舊唐書・伍陸・梁師都傳》）略云：

自為梁國，僭皇帝位，建元永隆，始畢可汗遺以狼頭纛，號大度毗伽可汗解事天子。

寅恪案：突厥語「大度」爲「事」，「毗伽」爲「解」，突厥語大度毗伽可汗即漢語解事天子也。

《新唐書・玖貳・李子和傳》云：

北事突厥，納弟為質，始畢可汗冊子和為平楊天子，不敢當，乃更署為屋利設。

《資治通鑑・壹捌參・隋紀柒》略云：

恭帝義寧元年三月，始畢以劉武周為定楊天子，梁師都為解事天子〔郭〕手和為平楊天子，子和固辭不敢當，乃更以為屋利設。

《胡注》云：

平楊猶定楊也。

寅恪案：胡氏之意，平楊為平楊州，似不如以平楊隋為釋較勝也。

《資治通鑑・壹捌捌・唐紀肆》略云：

武德三年七月驃騎大將軍可朱渾定遠告并州總管李仲文與突厥通謀，欲俟洛陽兵交，引胡騎直入長安，甲戌，命皇太子鎮蒲反以備之，四年二月，并州安撫使唐儉密奏真鄉公李仲文與妖僧志覺有謀反語，又娶陶氏之女，以應挑李之謠，諂事可汗，甚得其意，可汗許立為南面可汗，及在并州，贓賄狼藉，上命裴寂陳叔達蕭瑀雜鞫之，乙已，仲文伏誅。

寅恪案：綜合前引史料觀之，則受突厥之可汗封號者，亦受其狼頭纛，其有記受突厥封號，而未及狼頭纛者，蓋史臣略而不載耳，故突厥之狼頭纛猶中國之印綬，乃爵位之標幟，受封號者，必亦受此物，所以表示其屬於突厥之系統，服從稱臣之義也。據《通典．壹玖柒．邊防典．突厥傳上》（參《隋書．捌肆．突厥傳》、《北史．玖玖．突厥傳》等）略云：

旗纛之上，施金狼頭，侍衛之士，謂之附離，夏言狼也，蓋本狼生，志不忘舊。

可知狼爲突厥民族之圖騰，隋末北方群雄，既受突厥之狼頭纛，則突厥亦以屬部視之矣，哀哉。

紀載唐高祖太宗起兵太原之事，溫大雅《大唐創業起居注》一書，爲最重要之史料，世所共知，其述當時與突厥之關係，最爲微妙，深堪翫味，如改旗幟一事，辭費文繁，或者以爲史家鋪陳開國祥瑞之慣例，則不達溫氏曲爲唐諱之苦心，又稱臣突厥之主謀，實爲太宗，實可據其述興國寺兵脅迫高祖服從突厥一事得以推知，茲不避繁冗之嫌頗詳綠氏溫之書與此二事有關者推論之如下：

裴寂等乃因太子秦王等入啓，請依伊尹放太甲霍光廢昌邑故事，廢皇帝而立代王，興義兵以檄郡縣，改旗幟以示突厥，師出有名，以輯夷夏，於是遣使以眾議馳報突厥，始畢依旨，即遣其柱國康鞘利級失熱寒特勤達官等送馬千疋來太原交市，仍許遣兵送帝往西京，多少惟命，康鞘利將至，軍司以兵起甲子之日，又符讖尚白，請建武王所執白旗以示突厥，帝曰，誅紂之旗牧野臨時所仗，未入西郊，無容預執，宜兼以絳雜半續之，諸軍稍旛皆放此，營壁城壘幡旗四合，赤白相映若花園，開皇初太原童謠云，法律存，道德在，白旗天子出東海，常亦云白衣天子，故隋主恆服白衣，每向江都，擬於東海，又有桃李子歌曰，桃李子，莫浪語，黃鵠繞山飛，宛轉花園裡，案李為國姓，桃當作陶，若言陶唐也，配李而言，故云桃花園，宛轉屬旌幡，汾晉老幼謳歌在耳，忽睹靈驗，不勝懽躍。

寅恪案：唐高祖之起兵太原，即叛隋自主，別對一不同之旗幟以表示獨立，其事本不足怪，但太宗等必欲改白旗以示突厥，則殊有可疑，據《大唐創業起居注》下載裴寂等所奏神人太原慧化尼歌謠詩讖有云：

童子木上懸白旛，胡兵紛紛滿前後。

是胡兵即突厥兵，而其旗幟，爲白色之明證，此歌謠之意，謂李唐樹突厥之白旗，而突厥兵從之，蓋李唐初起兵時之旗爲絳白相雜，不得止言白旛也，所可笑者，開皇初太原童謠本作白衣天子出東海，太宗等乃強改白衣爲白旗，可謂巧於傅會者矣，夫歌謠符讖，自可臨時因事僞造，但不好因襲舊有之作稍事改換，更易取信於人，如後來玄宗時佞臣之改作《得寶歌》，即是顯著之例（見《舊唐書・壹佰伍・韋堅傳》）。豈所謂效法祖宗，師其故智者耶？唐高祖之不肯竟改白旗而用調停之法兼以絳雜半續之者，蓋欲表示一部分之獨立而不純服從突厥之意，據《隋書・壹・高祖紀》云：

〔開皇元年〕六月癸未，詔以初受天命，赤雀降祥，五德相生，赤為火色，其郊及社廟衣服冕之儀，而朝會之服旗幟犧牲盡令尚赤。

是隋色爲降赤，即是當時中夏國旗之色，而《資治通鑑・壹捌肆・隋紀》義寧元年六月雜用絳白以示突厥句下《胡注》云：

隋色尚赤，今用絳而雜之以白，示若不純於隋。

胡氏知隋色尚赤，乃謂「示若不純於隋」，夫唐高祖起兵叛立，其不純於隋自不待言，但其初尚擁戴幼主不即革隋命，則旗色純用絳赤本亦不妨，其所以「用絳而雜之以白」者，實表示維持中夏之地位而不純臣服於突厥之意，胡氏之說，可謂適得其反者也。

總之，高祖起兵時，改易旗色，必與臣服於突厥有關，高祖所以遲疑不決，太宗等所以堅執固請，溫氏所以詳悉記述歌謠符讖累數百言者，其故正在於此，世之讀史者，不可視爲釀詞而忽略之也。

《大唐創業起居注》上云：

帝引康鞘利等禮見於晉陽宮東門之側舍，受始畢所送書信，帝僞貌恭，厚加饗賄，鞘利等大悅，退相謂曰，唐公見我蕃人，尚能屈意，見諸華夏，情何可論，敬人者人皆敬愛，天下敬愛，必為人主，我等見之人，不覺自敬。

寅恪案：此溫氏用委婉之筆敘述唐高祖受突厥封號稱臣拜伏之事，「始畢所送書信」即突厥敕封高祖爲可汗之冊書，「帝僞貌恭」即稱臣拜伏之義，唐高祖此時所受突厥封號究爲何名，史家久已隱諱不傳，但據上引李仲文事觀之，則高祖與仲文俱爲太原主將，突厥又同欲遣兵送之入長安，而仲文所受突厥之封號據稱爲「南面可汗」由此推之，高祖所受封號亦當相與類似，可無疑也。

總而言之，太宗即明言高祖於太原起兵時曾稱臣於突厥，則與稱臣有關之狼頭纛及可汗封號二事，必當於創業史料中得其經過跡象，惜舊記諱飾太甚，今祇可以當時情勢推論之耳。

高祖稱臣於突厥，其事實由太宗主持於內，而劉文靜執行於外，請略引史傳，以證明之。

《大唐創業起居注》上略云：

始畢得書大喜，其部達官等曰，天將以太原與唐公，必當平定天下，不知從之以求寶物，但唐公欲迎隋主，共我和好，此語不好，我不能從，唐公自作天子，我則從行，覓大勳賞，不避時熱，當日即以此意作書報帝，帝開書嘆息久之曰，孤為人臣須盡節，本慮兵行已後，突厥南侵，屈節連和，以安居者，不謂今日所報，更相要逼，乍可絕好蕃夷，無有從其所勸，突厥之報帝書也，謂使人曰，唐公若從我語，即宜急報我，遣大達官往取進止，官僚等以帝辭色懍然，莫敢咨諫，興國寺兵知帝未從突厥所請，往往偶語曰，公若更不從突厥，我亦不能從公，裴寂劉文靜等知此議，以狀啓聞。

寅恪案：突厥之欲高祖自爲天子，即欲其受可汗封號，脫離楊隋而附屬突厥之意，其事本不足怪，但興國寺兵，何以亦同突厥，以此要迫，考《大唐創業起居注》上云：

> 帝遣長孫順德趙文恪等率興國寺所集兵五百人總取秦王部分。

即《冊府元龜・柒・帝王部創業門》云：

> 〔唐〕高祖乃命太宗與晉陽令劉文靜及門下客長孫順德劉弘基等各募兵，旬日之間，衆且一萬，文靜頓於興國寺，順德頓於阿育王寺。

夫劉文靜長孫順德（順德爲太宗長孫後之族叔，避遼東之役逃匿於太原，見《舊唐書》伍捌及《新唐書》壹佰伍〈長孫順德〉傳等）等皆太宗之黨，其兵又奉高祖之命歸太宗統屬，今居然與突厥通謀，迫脅高祖，叛楊隋而臣突厥，可知太宗實爲當時主謀稱臣於突厥之人，無復疑問也。

太宗爲稱臣於突厥之主謀，執行此計畫之主要人物，則是劉文靜，據《舊唐書・伍柒・劉文靜傳》略云：

> 隋末為晉陽令，煬帝令繫於郡獄，太宗以文靜可與謀議，入禁所視之，高祖開大將軍府，以文靜為軍司馬，文靜勸改旗幟，以彰義舉，又請連突厥，以益兵威，高祖并從之，因遣文靜

使於始畢可汗，始畢曰，唐公起事，今欲何為？文靜曰，願與可汗兵馬同入京師，人衆土地入唐公，財帛金寶入突厥，始畢大喜，即遣將康鞘利領騎二千隨文靜而至，〔武德二年〕裴寂又言曰，當今天下未定，外有勍敵，今若赦之，必貽後患，高祖竟聽其言，遂殺文靜。

及《大唐創業起居注》上略云：

乃命司馬劉文靜報使，并取其兵，靜辭，帝私誡曰，胡兵相送，天所遣來，數百之外，無所用之，所防之者，恐武周引為邊患，取其聲勢，以懷遠人，公宜體之，不須多也。

則與突厥始畢可汗議訂稱臣之約者，實爲劉文靜，其人與太宗關係密切，觀太宗往視文靜於獄中一事，即可推知，文靜即爲李唐與突厥連繫之人，及高祖入關後漸與突厥疏遠，而文靜乃被殺矣，裴寂謂「當今天下未定，外有勍敵」「天下未定」指劉武周王世充竇建德等，「外有勍敵」指突厥，而《新唐書・捌捌・劉文靜傳》及《通鑑・壹捌陸・唐紀》武德二年殺劉文靜條俱消略「外有勍敵」之語，實由未解文靜與突厥之關係所致也。李唐與突厥之連繫人劉文靜雖死，而太宗猶在，觀高祖於遣劉文靜使突厥時，以防劉武周爲言，則唐與突厥關係親密，武周自當受突厥之約束，不敢侵襲太原，若唐與突厥之關係疏遠，則武周必倚突厥之助略取并州。據《舊唐書·壹玖肆上·突厥傳上》略云：

武德二年始畢授馬邑賊帥劉武周兵五百餘騎，遣入句注，又追兵大集，欲侵太原，是月始畢卒，立其弟俟利弗設，是為處羅可汗。

可知突厥始畢可汗初與劉文靜定約，立唐高祖爲可汗，約束劉武周，不得侵襲太原，迨唐入關後，漸變前此之恭遜，故始畢又改命武周奪取太原矣。劉武周既得突厥之助，奪取太原，兵鋒甚盛，將進逼關中，唐室不得不使劉文靜外其他唯一李唐與突厥之連繫人即太宗出膺抗拒劉武周之命，此不僅以太宗之善於用兵，實亦由其與突厥有特別之關係也，觀《舊唐書·壹玖肆上·突厥傳上》云：

太宗在藩，受詔討劉武周，師次太原，處羅遣其弟步利設率二千騎與官軍會，六月處羅至并州，總管李仲文出迎勞之，留三日，城中美婦人多為所掠，仲文不能制，俄而處羅卒。

則突厥昔之以兵助劉武周者，今反以兵助李世民，前後態度變異至此，其關鍵在太宗與突厥之特別關係，可推知也。

又據《舊唐書·貳·太宗紀上》略云：

〔武德〕七年秋，突厥頡利二可汗自原州入寇，侵擾關中，有說高祖云，祇為府藏子女在京師，故突厥來，若燒卻長安而不都，則胡寇自止，高祖乃遣中書侍郎宇文士及行山南可居之地，即欲移都，蕭瑀等皆以為非，然終不敢犯顏正諫，太宗獨白，幸乞聽臣一申微效，取彼頡利，若一兩年間不係其頸，徐建遷都之策，臣當不敢復言，高祖怒，仍遣太宗將三十餘騎行剗，還日固奏，必不可移都，高祖遂止。

及《新唐書·柒玖·隱太子傳》云：

突厥入寇，帝議遷都，秦王苦諫止，建成見帝曰，秦王欲外禦寇，沮遷都議，以久其兵，而謀篡奪，帝寖不悦。

可見太宗在當時被目為挾突厥以自重之人，若非起兵太原之初，主謀稱臣於突厥者，何得致此疑忌耶？斯亦太宗為當時主謀者之一旁證也。

又《舊唐書·壹玖肆上·突厥傳上》（參《冊府元龜·玖捌壹·外臣部盟誓門》）略

云：

> 武德七年八月頡利突利二可汗舉國入寇，太宗乃親率百騎馳詣虜陣告之曰，國家與可汗誓不相負，何為背約深入吾地，我秦王也，故來一決，可汗若自來，我當與可汗兩人獨戰，若欲兵馬總來，我唯百騎相禦耳，頡利弗之測，笑而不對，太宗又前令騎告突利曰，爾往與我盟，急難相救，爾今將兵來，何無香火之情也，亦宜早出，一決勝負，突利亦不對，太宗前，將渡溝水，頡利見太宗輕出，又聞香火之言，乃陰猜突利，因遣使曰，王不須渡，我無惡意，更欲共王自斷當耳，於是稍引卻，各斂軍而退，太宗因縱反間於突利，突利悅而歸心焉，遂不欲戰，其叔姪內離，頡利欲戰不可，因遣突利及夾畢特勒（勤）阿史那思摩奉見請和，許之，突利因自託於太宗願結為兄弟。

寅恪案：太宗在當時不僅李唐一方面目之爲與突厥最有關係之人，即突厥一方面亦認太宗與之有特別關係，然則太宗當日國際地位之重要，亦可想見矣。至太宗與突利結爲兄弟疑尚遠在此時之前，據《舊唐書・壹玖肆上・突厥傳上》略云：

> 〔武德〕九年七月，頡利自率十萬餘騎進寇武功，頡利遣其腹心執失思力入朝為覘，因張形

勢云，二可汗總兵百萬，今已至矣。太宗謂之曰，我與突厥，面自和親，汝則背之，我實無愧，又義軍入京之初，爾父子（指頡利突利言，如昔人稱漢疏廣受父子之例，蓋頡利突利為叔父及從子也，）並親從我。

然則所謂香火之盟，當即在唐兵入關之時也，《通鑑・壹玖壹・唐紀》柒武德柒年《胡注》釋香火之盟固是，但仍未盡，考《教坊記》（據《說郛》本）坊中諸女條云：

> 坊中諸女以氣類相似，約為香火兄弟，每多至十四五人，少不下八九輩，有兒郎娉之者，輒被以婦人稱呼，即所娉者兄見呼為新婦，弟見呼為嫂也，兒郎有任宮僚者，宮參與內人對，同日垂到內門，車馬相逢，或褰車簾呼阿嫂若新婦者，同黨未達，殊為怪異，問被呼者，笑而不答，兒郎既娉一女，其香火兄弟多相奔，云學突厥法，又云，又兄弟相憐愛，欲得嘗其婦也，主者知亦不妬，他香火即不通。

則太宗與突利結香火之盟，即用此突厥法也。故突厥可視太宗爲其共一部落之人，是太宗雖爲中國人，亦同時爲突厥人矣！其與突厥之關係，密切至此，深可驚訝者也。

舊記中李唐起兵太原時稱臣於突厥一事，可以推見者，略如上述，此事考史者所不得爲之諱，亦自不必爲之諱也。至後來唐室轉弱爲強，建功雪恥之本末，軼出本篇範圍，故不涉及。嗚呼！古今唯一之「天可汗」，豈意其初亦嘗效劉武周輩之所爲耶？初雖效之，終能反之，是固不世出人傑之所爲也。又何足病哉！又何足病哉！

發表於一九五一年《嶺南學報》，一一（二），一一一〇

論隋末唐初所謂「山東豪傑」

隋末唐初之史乘屢見「山東豪傑」之語，此「山東豪傑」者乃一胡漢雜糅，善戰鬥，務農業，而有組織之集團，常爲當時政治上敵對兩方爭取之對象。玆略引史料，稍爲證明，並設一假說，以推測其成立之由來，或可供研治吾國中古史者之參考歟？

今爲證釋便利計，姑分別爲(一)空場竇建德劉黑闥等，(二)翟讓徐世勣等，及(三)青齊徐兗諸豪雄等三類，次第敘述之如下：

《新唐書・捌伍・竇建德傳》云：

竇建德貝州漳南人。世為農。自言漢景帝太后父安成候充之苗裔。

同書捌陸〈劉黑闥傳〉略云：

劉黑闥貝州漳南人。與竇建德少相友。〔王世充〕以其武健，補馬軍總管。〔後竇〕建德用為將，建德有所經略，常委以斥候，陰入敵中，覘虛實，每乘隙奮奇兵，出不意，多所摧克，軍中號為神勇。

《舊唐書・陸拾・廬江王瑗傳》略云：

時隱太子建成將有異圖，外結於瑗，及建成誅死，瑗乃舉兵反。〔王〕利涉曰，山東之地先從竇建德，酋豪首領皆是偽官，今並黜之，退居匹庶，此人思亂若旱之望雨，王宜發使復其舊職，各於所在，遣募本兵，諸州儻有不從，即委隨便誅戮，此計若行，河北之地可呼吸而定也。

《資治通鑑》壹玖拾唐高祖武德五年十二月壬申〔劉黑闥〕《衆逸大潰條考異》引《太宗實錄》云：

〔劉〕黑闥重反，高祖謂太宗曰，前破黑闥，欲令盡殺其黨，使空山東，不用吾言，至有今日。及隱太子征闥平之，將遣唐儉往使，男子十五已上悉坑之，小弱及婦女揔驅入關，以實京邑。

《全唐文》柒肆肆殷侔〈竇建德碑〉略云：

自建德亡距今已久遠，山東河北之人或尚談其事，且為之祀，知其名不可滅，而及人者存也。聖唐大和三年魏州書佐殷侔過其廟下，見父老群祭，駿奔有儀，「夏王」之稱猶紹於昔。

寅恪案：竇建德劉黑闥等徒黨爲隋末唐初間最善戰鬥而有堅固組織之集團，實是唐室之勍敵，高祖「欲令盡殺其黨，使空山東」。疑眞有其事，司馬君實不信《太宗實錄》之記載，以爲史臣歸美太宗之詞，鄙見太宗蓋別有用意，欲利用此集團，爲其政治上之工具，如後來與建成元吉決鬥時，遣張亮往洛陽招引「山東豪傑」以爲己助之例耳。觀殷侔之碑文，知竇建德死後逾二百年，其勢力在舊地猶若此，與後來安祿山史思明死後，其勢力終未衰歇，而成唐代藩鎮之局者，似頗相類（詳見拙著《唐代政治史述論稿》上篇），其必有民族特殊性存乎其間，可以推知也。竇建德自言出於漢代外戚之竇氏，實則鮮卑紇豆陵氏之所改（見《新唐書・柒壹下・宰相世系表》竇氏條），實是胡種也。劉黑闥之劉氏爲胡人所改漢姓之最普遍者，其「黑闥」之名與北周創業者宇文黑獺之「黑獺」同是一胡語，然則劉黑闥不獨出於胡種，其胡化之程度蓋有過於竇建德者矣。其以武健見賞於王世充，任馬軍總管，又在竇建德軍中常爲斥候，以神勇著稱，此正胡人專長之騎射技術，亦即此集團地戰鬥力所以特強之故，實與民族性有關，決非偶然也。至竇建德之「世爲農」及張亮之「以農爲業」（見後引《舊唐書・陸玖・張亮傳》），與王利涉言欲令竇建德部下「酋豪首領各於所在遣募本兵」實有相互之關係，最爲可注意之點，俟後論之，茲姑不涉及。

此集團中翟讓徐世勣一系統在唐初政治上最居重要地位，茲稍多迻錄有關史料，綜合論之於下：

《舊唐書・伍參・李密傳》略云：

李密本遼東襄平人。魏司徒弼曾孫。後周賜弼姓徒何氏。祖曜周太保魏國公，父寬隋上柱國蒲山公，皆知名當代。密說〔翟〕讓曰，明公以英傑之才，而統驍雄之旅，宜當廓清天下，誅剪群凶，豈可求食草間，常為小盜而已？讓曰，僕起隴畝之間，望不至此。柴孝和說密曰，秦地阻山帶河，西楚背之而亡，漢高都之而霸，如愚意者，令〔裴〕仁基守迴洛，翟讓守洛口，明公親簡精銳，西襲長安，百姓孰不郊迎？必當有征無戰，既剋京邑，業固兵強，方更長驅崤函，掃蕩東洛，傳檄指撝，天下可定，但今英雄競起，實恐他人我先，一朝失之，噬臍河及？密曰，君之所圖，僕亦思之久矣，誠乃上策，但昏主尚存，從兵猶眾，我之所部，並是山東人，既見未下洛陽，何肯相隨西入？諸將出於群盜，留之各競雄雌，若然者，殆將敗矣。

《新唐書・玖參・李勣傳》略云：

李勣，曹州離狐人。本姓徐氏。客衛南。家富，多僮僕，積粟常數千鐘，與其父蓋皆喜施貸，所周給無親疏之間。隋大業末韋城翟讓為盜，勣年十七，從之。武德二年（李）密歸朝廷，其之東屬海，南至江，西直汝，北抵魏郡，勣統之，未有所屬。乃錄郡縣户口以啓密，請自上之。詔授黎州總管，封萊國公，賜姓，附宗正屬籍，徙封曹。封蓋濟陰王。從秦王伐東都，戰有功。平（竇）建德，俘（王）世充，乃振旅還，秦王為上將，勣為下將，皆服金甲，乘戎輅，告捷於廟。又從破劉黑闥徐圓朗，圓朗復反，詔勣為河南大總管，討平之。帝（太宗）疾，謂太子（高宗）曰，爾於勣無恩，今以事出之，我死，宜即授以僕射，彼必致死力矣。

《大唐新書・捌・聰敏類》云：

賈嘉隱年七歲，以神童召見。時太尉長孫無忌司空李勣於朝堂立語。李戲之曰，吾所倚者何樹？嘉隱對曰，松樹。李曰，此槐也，何忽言松？嘉隱曰，以公配木則為松樹。無忌連問之曰，（吾）所倚者何樹？嘉隱曰，槐樹。無忌曰，汝不能復矯對耶？嘉隱應聲曰，何須矯對？但取其以鬼配木耳。勣曰，此小兒作獠面，何得如此聰明？嘉隱又應聲曰，胡面尚為宰相，獠面何廢聰明？勣狀貌胡也。

《舊唐書・陸肆・隱太子傳》略云：

及劉黑闥重反，王珪魏徵謂建成曰，願請討之，且以立功，深自封植，因結山東英俊，建成從其計。及（太宗）將行，（往洛陽。）建成元吉相謀曰，秦王今往洛陽，既得土地甲兵，必為後患，留在京師，制之一匹夫耳。密令數人上封事曰，秦王左右多是東人，聞往洛陽，非常欣躍，視其情狀，自今一去，不作來意。高祖於是遂停。

同書陸玖〈張亮傳〉略云：

張亮鄭州滎陽人也。素寒賤，以農為業。大業末李密略地滎汴，亮仗策從之，署驃騎將軍，隸於徐勣。後房玄齡李勣薦之於太宗，引為秦府車騎將軍，委以心膂。會建成元吉將起難，太宗以洛州形勝之地，一朝有變，將出保之，遣亮之洛陽，統左右王保等千餘人，陰引山東豪傑以俟變，多出金帛，以恣其所用。元吉告亮欲圖不軌，坐是屬吏，亮卒無所言，事釋，遣還洛陽。及建成死，授懷州總管，封長平郡公。

同書陸捌〈尉遲敬德傳〉略云：

隱太子巢刺王元吉將謀害太宗，密致書以招敬德，仍贈以金銀器物一車，敬德辭，尋以啓開，太宗曰，送來但取，寧須慮也，且知彼陰謀計，足為良策。

同書同卷〈張公謹傳〉略云：

張公謹魏州繁水人也。初為王世充洧州長史，武德元年與王世充所署洧州刺史崔樞以州城歸國。初未知名李勣驟薦於太宗，乃引入幕府。〔武德九年〕六月四日公謹與長孫無忌等九人伏於玄武門以俟變。乃斬建成元吉，其黨來攻玄武門，兵鋒甚盛，公謹有勇力，獨閉門以拒之。以功累授左武候將軍，封定遠郡公。

巴黎圖書館藏敦煌寫本李義府撰〈常何碑〉略云：

公諱□，字□□，其先居河內溫縣，迺祖遊陳留之境，因徙家焉，今為汴州浚儀人也。〔公〕傾產周窮，捐生拯難，嘉賓狎至，俠侶爭歸。既而炎靈將謝，政道云衰，黑山競結，白波潛駭，爰顧宗姻，深憂淪溺。鄉中豪傑五百餘人以公誠信早彰，譽望所集，互相糺率，請為盟主。李密擁兵敖庾，枕（？）威河曲，廣集英彥，用託爪牙，乃授公上柱國雷澤公。尋而天歷有歸，聖圖斯啓，自參墟而鳳舉，指霸川而龍躍。公智叶陳張，策踰荀賈，料安危之勢，審興亡之跡，抗言於密，請歸朝化。密竟奉謁丹墀，升榮紫禁，言瞻彼相，實賴於公，既表忠圖，爰膺厚秩，授清義府驃騎將軍上柱國雷澤公。密奉詔綏撫山東，公又以本官隨密，密至函城之境，有背德之心，公既知逆謀乃流涕極諫，密憚公強正，遂不告而發，軍敗牛關之側，命熊山之陽。公徇義莫從，獻忠斯阻，欲因機以立效，聊枉尺以直尋，言造王充，冀傾瀍洛，為充所覺，奇計弗成，率充內營左右去逆歸順。高祖嘉其變通，尚其英烈，臨軒引見，特申優獎，授車騎將軍。徐員朗竊據沂兗，稱兵淮泗，龜蒙積沴，蜂午（？）挺妖，公與史萬寶併力攻圍，應期便陷。方殄餘噍，奉命旋師，令從隱太子討平河北。又與曹公李勣窮追員朗，賊平，留鎮於洧州。〔武德〕七年奉太宗令追入京，賜金刀子一枚，黃金州挺，令於北門領健見長上，仍以數十金刀子委公錫驍勇之夫，趨奉藩朝，參聞霸略，承解表之厚遇，申繞帳之深誠。九年，六月四日令總北門之寄。

《舊唐書・柒壹・魏徵傳》略云：

魏徵鉅鹿曲城人也。父長賢北齊屯留令。及〔李〕密敗，徵隨密來降，至京師，久不見知，自請安輯山東，乃授祕書丞，驅傳至黎陽。時徐世勣尚為李密擁眾，徵與世勣書，世勣得書，遂定計遣使歸國。嘗密薦中書侍郎杜正倫及吏部尚書侯君集有宰相之材，徵卒後，正倫以罪黜，君集犯逆伏誅，太宗始疑徵阿黨。徵又自錄前後諫諍言辭往復，以示史官起居郎褚遂良，太宗知之愈不悅，先許以衡山公主降其長子叔玉，於是手詔停婚，顧其家漸衰矣。

《新唐書・玖柒・魏徵傳》云：

〔太宗〕即位，拜諫議大夫，封鉅鹿縣男。當是時河北州縣素事隱巢者不自安，往往曹伏思亂，徵白太宗曰，不示至公，禍不可解。帝曰，爾行安喻河北。道遇太子千牛李志安齊王護軍李思行傳送京師，徵與其副謀曰，屬有詔，宮府舊人普原之，今復執送志安等，誰不自疑者，吾屬雖往，人不信，即貸而後聞。使還，帝悅。

《北史・伍陸・魏長賢傳》云：

魏長賢收之族叔也。

《元和郡縣圖志・壹陸・河北道澶州》臨黃縣條云：

魏長賢墓在縣北十五里。貞觀七年追贈定州刺史，即徵父也。

同書壹柒〈河北道恆州〉鼓城縣條云：

魏收墓在縣北七里。後魏北齊貴族諸魏皆此邑人也。所云鉅鹿曲陽人者是也。

《新唐書・柒壹下・宰相世系表》魏氏條云：

館陶魏氏。長賢北齊屯留令。徵相太宗。

《全唐詩》第柒函高適〈三君詠並序〉云：

開元中適遊於魏郡，郡北有故太師（魏）鄭公舊館。

《舊唐書・柒拾・杜正倫傳》云：

杜正倫相州洹水人也。隋仁壽中與兄正玄正藏俱以秀才擢第，隋代舉秀才止十餘人，正倫一家有三秀才，甚為當時稱美。

同書陸玖〈侯君集傳〉略云：

侯君集豳州三水人也。貞觀四年遷兵部尚書。明年（貞觀十二年）拜吏部尚書。君集出自行伍，素無學術，及被任遇，方始讀書，典選舉，定考課，出為將領，入參朝政，並有時譽。十七年張亮以太子詹事出為洛州都督，君集激怒亮曰，何為見排？亮曰，是公見排，更欲誰冤？君集曰，我平一國，還觸子大瞋，何能抑排？因攘袂曰，鬱鬱不可活，公能反平？當與公反耳。亮密以聞。承乾在東宮，恐有廢立，又知君集怨望，遂與通謀，及承乾事發，君集被收，遂斬於四達之衢，藉沒其家。

綜觀上引史料，可得而論者，約有四端：

㈠翟讓徐世勣之系統人物實以洛陽爲其政治信仰之重心。觀李密答柴孝和之言，知密所以力攻王世充，爭踞洛屬，卒以此敗亡者，蓋有不得已之苦衷也。唐太宗之實力在能取得洛陽，撫用此系統人物，而獲其輔助之效也。當太宗與建成元吉決鬥於長安之時，秦王府中雖多山東豪傑，然洛陽爲其根據地，更遣張亮王保等往保之，廣事招引，以增加其勢力。既不慮長安秦府中「山東人」之離心（見上引《舊唐書·隱太子傳》），又爲在長安萬一失敗，可以作避亂及復興之預備。斯太宗與李密雖同屬關隴六鎭集團，同利用此系統之人物以爲其主力，然此二並世英傑所以成敗互異者，即太宗能保有洛陽以爲基地，而李密不能攻取東都，失去此輩豪傑政治信仰之故也。

㈡武德九年六月四日玄武門主事變爲太宗一生中最艱苦之奮鬥，其對方之建成元吉亦是智勇俱備之人，謀士鬥將皆不減於秦府左右，其結果則太宗勝而建成元吉敗者，其關鍵實在太宗能利用守衛宮城要隘玄武門之山東豪傑，如常何輩，而常何者《兩唐書》無專傳，其姓名唯附見於兩書〈馬周傳〉及《舊唐書·參·太宗紀下》貞觀十八年十一月張亮以舟師伐高麗事中（《新唐書·柒伍上·宰相世系表》常氏條不載何之名），其本末不詳久矣。近世敦煌石室發見寫本中有李義府撰〈常何碑〉文，義府奸佞而能文之人也，此文亦久佚，然爲最佳之史料，寅恪昔年草《唐代政治史述論稿》時，嘗於上篇論述玄武門事變曾一及之，今稍詳錄其文，以資推究。據碑文，如何之家世及少時所爲蓋同於徐世勣，而其與世勣之關係復頗以張亮張公謹，又嘗從建成平定河北，故建成亦以舊部視之而疑，豈意其「趨奉藩朝，參聞霸略」耶？觀太宗既賜何以金挺復以數十金刀子委何以錫守衛玄武門饒勇之夫，則是用金寶買通玄武門守衛將士，此與建成元吉之以金銀器物贈與尉遲敬德者，抑何以異？此蓋當時兩方習用之策略也。職是之故，太宗能於武德九年六月四日預伏其徒黨於玄武門，而守衛將士亦竟不之發覺，建成元吉雖先有警告，而不以爲意者，殆必以常何輩守衛玄武門之將士至少非太宗之黨徒也。碑文所謂「九年六月四日令總北門之寄」則此事變中何地位之重要及其功績之偉大，據是可推知矣。張公謹與張亮俱用徐世勣之薦，而爲太宗心膂，其屬於世勣系統，固不待言，當此事變迫急之時，公謹能獨閉宮門，以拒東宮齊府死黨之來攻，因得轉危爲安，其勇力可以想見，此亦山東豪傑集團特點之一也。張亮在此系統中地位甚高，或亦徐世勣之亞，故太宗委以保據洛陽，招引山東豪傑之重任。然其人「素寒賤，以農爲業」。則與翟讓所謂，「僕起隴畝之間」（見上引《舊唐書・李密傳》），正復相同。此輩乃農民武裝集團，依此可以推知，其歷史之背景及成立之由來俟後再詳論。總之，太宗之戡定內難，其得此系統人物之助力，較任何其他諸役如戰勝隋末群雄及摧滅當時外族者更多也。

㈢徐世勣者，翟讓死後，實代爲此系統之領袖，李密不過以資望見推，而居最高之地位耳。密既降唐，其土地人衆均爲世勣所有，世勣於王世充竇建德與唐高祖鼎峙競爭之際，蓋有舉足輕重之勢，其絕鄭夏而歸李唐，亦隋唐間政權轉移之大關鍵也。李唐破滅王竇，凱旋告廟，太宗爲上將，世勣爲下將，蓋當時中國武力集團最重要者，爲關隴六鎭及山東豪傑兩系統，而太宗與世勣二人即可視爲其代表人也。世勣地位之重要實因其爲山東豪傑領袖之故，太宗爲身後之計欲平衡關隴山東兩大武力集團之力量，以鞏固其皇祚，是以委任長孫無忌及世勣輔佐柔儒之高宗，其用心可謂深遠矣。後來高宗欲立武曌爲后，當日山東出身之朝臣皆贊助其事，而關隴集團代表之長孫無忌及其附屬系統之褚遂良等則竭力諫阻，高宗當日雖欲立武氏爲后，以元舅大臣大故有所顧慮而不敢行，惟有取決於其他別一集團之代表人即世勣之一言，而世勣竟以武氏爲山東人而贊成其事（見《冊府元龜・參參陸・宰輔部依違門》），論史者往往以此爲世勣個人道德之汙點，殊不知其社會集團之關係有以致之也。又《兩唐書》以李靖李勣同傳，後世亦以二李並稱，此就二公俱爲唐代之名將而言耳，其實靖爲韓擒虎之甥屬於關隴府兵集團，而世勣則是山東豪傑領袖，其社會背景迥然不同，故二人在政治上之地位亦互異，斯亦治唐史者所不可不注意及之者也。史復言世勣家多僮僕，積粟常數千鐘，當是與翟讓張亮同從事農業，而豪富遠過之者，即所謂大地主之流也，此點亦殊重要俟後論之。

⑷古今論唐史者往往稱道太宗魏徵君臣遭遇之盛事，而深惜其恩禮之不終，以為此僅個人間之關係，實不足說明當時政治社會之情況及太宗所以任用魏徵之用心也。今試發其覆，以供讀史者參考。

《舊唐書・魏徵傳》雖稱徵是鉅鹿曲陽人，《北史》徵父〈長賢傳〉亦言其為魏收之族叔，就表面論，似徵為山東之高門，此不過南北朝隋唐時代矜誇郡望之風習耳。然據《元和郡縣圖志》載魏收墓在恆州鼓城縣，且言「後魏北齊貴族諸魏皆此邑人也。所云鉅鹿曲陽人者是也」。但同書載魏長賢墓在澶州臨黄縣，《新唐書・宰相世系表》以徵為館陶魏氏，高達夫詩又謂魏郡北有徵舊館，則是徵父墳墓及己身所居皆與魏收葬地並不相近，新表之言甚得其實。依此推論，則徵家不可視為後魏北齊貴族諸魏之盛門，可以無疑也。明乎此，則太宗所以任用徵之故始可了解。太宗雖痛惡山東貴族（見《唐會要》參陸氏族門及《新唐書・玖伍・高儉傳》等），而特重用徵者，正以其非山東盛門，而為山東武裝農民集團即所謂山東豪傑之聯絡人耳。在太宗心目中，徵既非山東貴族，又非山東武人，其職任僅在接洽山東豪傑監視山東貴族及關隴集團，以供分合操縱諸政治社會勢力之妙用。苟徵之行動踰越此種賦與之限度，則必啓太宗之疑忌，自不待言也。史言徵薦杜正倫為相，而正倫者出自山東之盛門，則徵監視山東貴族之作用消失，轉有連合山東社會文武兩大勢力之嫌疑。侯君集者，《兩唐書》本傳雖不詳載其家世，只言其為武人，然《周書》貳玖《北史》陸陸俱有君集祖

〈植傳〉，又《新唐書・柒貳中・宰相世系表》侯氏條亦載其祖植爲周驃騎大將軍肥城公，與《周書》《北史》相同。後來出土之〈侯植墓誌〉稱植曾賜姓賀屯氏（參陸增祥《八瓊石金石補正》貳參及李宗蓮《懷珉精舍金石跋尾》等），復與《周書》《北史》所載符合。是君集團太宗俱屬六鎭胡漢關隴集團，史言其才備將相自非偶然，徵竟與之相通，則是總合當日東西文武三大社會勢力，而己身爲其樞紐，此爲太宗所甚不能容忍者，幸其事發覺於徵已死之後，否則必與張亮侯君集同受誅戮，停婚仆碑（見《新唐書・魏徵傳》）猶是薄懲也。觀徵自請招撫山東，發一書而降徐世勣，先觀建成討平劉黑闥，因於其地深自封植，建成果從其策，及建成不幸失敗，又自請於太宗，親往河北安喩其徒黨，能發之，復能收之，誠不世出之才士，故建成用之以籠絡河北英俊，太宗亦用之以招撫山東豪傑，其個人本身之特點固不應抹殺，但如歷來史家論徵之事功，頗忽視社會集體之關係，則與當時史實不能通解，故略辨之如此，至若徵自錄前後諫諍言辭往復，以示史官褚遂良，太宗知之不悅者，蓋太宗沽名，徵又賣直，致斯結果，本無可怪，然其事僅關係個人，殊微末不足道矣。

隋末唐初之雄豪其起於青齊徐兗之地者頗多矣，或爲唐室功臣，或爲李朝叛賊，政治上向背之關係雖異，若一究其種姓來源，民族特質，恐仍當視爲同一大類，而小有區分也。茲略徵史籍，論之於下：

《舊唐書・陸捌・秦叔寶傳》略云：

秦叔寶名瓊。齊州歷城人。從鎮長春宮，拜馬軍總管。

同書問卷〈段志玄傳〉略云：

段志玄齊州臨淄人也。

同書同卷〈程知節傳〉略云：

程知節本名咬金，濟州東阿人也。授秦王府左三統軍，破朱金剛，擒竇建德，降王世充，並領左一馬軍總管。

《新唐書・捌陸・劉黑闥傳附徐圓朗傳》略云：

徐圓朗者兗州人。隋末為盜，據本郡，以兵徇琅邪以西，北至東平，盡有之。附李密，密敗，歸竇建德。山東平，授兗州總管魯郡公。會〔劉〕黑闥兵起，圓朗應之，自號魯王，黑闥以為大行臺元帥。河間人劉復禮説圓朗曰，彭城有劉世徹，才略不常，將軍欲自用，恐敗，不如迎世徹立之。盛彥師以世徹若聯叛，禍且不解，即謬説曰，公亡無日矣，獨不見翟讓用李密哉？圓朗信之，世徹至，奪其兵，遣徇地，所至皆下，忌而殺之。會淮安王神通李世勣合兵攻圓朗總管任瑰遂圍兗州。圓朗棄城夜亡，為野人所殺。

同書捌柒〈輔公祏傳〉略云：

輔公祐齊州臨濟人。隋季與鄉人杜伏威為盜，轉掠淮南。

同書同卷〈李子通傳〉略云：

李子通沂州丞人。隋大業末長白山賊左才相自號「博山公」，子通依之，有徒萬人，引眾渡淮為隋將來整所破，奔海陵。

同書玖貳〈杜伏威傳〉略云：

杜伏威齊州章丘人，隋大業九年入長白山，依賊左君行，不得意，舍去，轉剽淮南，攻宜安，屠之，與虎牙郎將公孫哲戰鹽城，進破高郵，引兵渡淮，攻歷陽，據之，江淮群盜爭附。

隋末青齊之健者頗以馬軍見稱，此亦可注意之點，疑與民族遷徙問題有關，詳下引《魏書·上黨王天穆傳》：袞州之徐圓朗彭城之劉世徹所謂徐兗之豪強也，其與竇建德劉黑闥之關係至爲密切，疑其與竇劉之徒同一來源，「劉」即劉黑闥之「劉」「徐」即徐世勣之「徐」也。此點俟後綜合論之。更有可注意者，隋末之亂首發於長白山諸豪，自非偶然之事。隋末暴政全國人民同受其害，然上之壓力其寬猛不必各地皆同一程度，而下之抵抗者亦有強悍柔懦及組織堅固與否之分別。隋末此區域非重兵鎮壓之地，而諸豪又爲強悍而較有組織之集團，是以能首發大難，其不轉向西北而直趨東南者，其以江淮爲財富之地，當時全國武力又方用於討伐高麗，江淮一隅阻遏力少，引誘力多之故歟？

綜合上引關於山東豪傑之史料，就其性強勇，工騎射，組織堅固，從事農業，及姓氏多有胡族關係，尤其出生地域之分配諸點觀之，深疑此集團乃北魏鎮戍屯兵營戶之後裔也。六鎮問題於吾國中古史至爲重要，自沈垚以來，考證六鎮問題之著述於鎮名地望頗多精義，然似不免囿於時間空間之限制，猶未能總匯貫通，了解其先後因果之關係也。據《魏書·玖·

肅宗紀》云：

正光五年八月丙申詔曰，賞貴宿勞，明主恆德，恩沾舊績，哲后常範。太祖道武皇帝應期撥亂，大造區夏。世祖太武皇帝纂戎不緒，光闡王業，躬率六師，掃清逋穢，諸州鎮城人本充爪牙，服勤征旅，契闊行間，備嘗勞劇。逮顯祖獻文皇帝自北被南，淮海思乂，便差割強族，分衛方鎮。高祖孝文皇帝遠遵盤庚，將遷嵩洛，規遏北疆，蕩闢南境，選良家酋帥，增戍朔垂，戎捍所寄，實惟斯等。先帝（世宗宣武皇帝）以其誠效既亮，方加酬錫，會宛郢馳烽，朐泗告警，軍旅頻動，兵連積歲，茲恩仍寢，用迄於今，怨叛之興，頗由於此。朕叨承乾歷，撫馭宇宙，調風布政，思廣惠液，宜追述前恩，敷茲後施。諸州鎮軍貫元非犯配者，悉免為民，鎮改為州，依舊立稱。此等世習干戈，率多勁勇，今既甄拔，應思報效，可三五簡發，討彼沙隴，當使人齊其力，奮擊先驅，妖黨狂醜，必可蕩滌，衝鋒斬級，自依恆賞。

知北魏邊鎮之本末有三事可注意：㈠北魏之邊境鎮戍有前後移動之不同。㈡因前後境外敵人強弱之互異，爲適應情勢緩急之故，而有南北移防之措施。㈢充任邊鎮之兵役者其重要成分爲胡人，尤其是敕勒種族。此詔書所述爲北魏六鎮及其他邊鎮問題最佳史料，但似未經治吾國中古史者之深切注意，故茲更旁引其他有關材料分別證釋之於下：

北魏太祖初率其部落，進入中原，其邊境大約如《元和郡縣圖志》壹肆雲州條所云：

後魏道武帝又於此建都，東至上谷軍都關，西至河，南至中山隘門塞。北至五原，地方千里，以為甸服。

觀《魏書・伍捌・楊播傳附椿傳》云：

除定州刺史。自太祖平中山，多置軍府，以相威攝，凡有八軍，軍各配兵五千，食祿主帥軍各四十六人。自中原稍定，八軍之兵漸割南戍，一軍兵纔千餘，然主帥如故，費祿不少，椿表罷四軍，減其師百八十四人。州有宗子稻田屯兵八百户，年常發夫三千草三百車修補畦堰，椿以屯兵惟輸此田課，更無傜役，及至閒月，即應修治，不容復勞百姓。椿亦表罷，朝廷從之。

可知北魏當時於近邊要地配置重兵，以資防衛，及國勢漸強，邊境推廣而鎮兵亦隨之轉移也。

南北朝對峙，其國勢強弱之分界線大約在北朝乘南朝內爭之際而攻取青齊之地一役，詔書所謂「顯祖獻文皇帝自北被南，淮海思乂」者是也。故「便差割強族，分衛方鎮」即《魏書・伍拾・尉元傳》所云：

太和十六年上表曰，今計彼（徐州）戍兵，多是胡人。臣前鎮徐州之曰胡人子都將呼延籠達因於負罪，便爾叛亂，鳩引相類，一時扇動，賴威靈遐被，罪人斯戮。又團城子都將胡人王敕懃負釁南叛，每懼奸圖，狡誘同黨，闕誠所見，宜以彭城胡軍換取南豫州徙民之兵，轉戍彭城，又以中州鮮卑增實兵數於事為宜。

其充任徐州防衛之胡兵，本由北方諸邊鎮移調而來者，蓋北魏當時邊境自北移南而邊鎮之兵亦隨之而遷徙也。至北魏孝文帝自平城遷都洛陽，其政治武力之重心既已南移，距南朝邊境頗近，而離北邊之鎮戍甚遠，遂又移調中原即北魏當時用以防衛南朝之戍兵，以守禦朔垂也。此北魏邊境屯戍之兵南北互相移調之事實，往往不爲史家注意，如《北史・壹陸・太武五王傳・廣陽王深傳》（本作淵，唐人避諱改）（參《魏書・伍捌・楊播傳附昱傳及津傳》）所云：

先是別將李叔仁以〔破六韓〕拔陵來逼，請求迎援，深赴之，前後降附二十萬人。深與行臺元纂表求恆州北別立郡縣，安置降户，隨宜振賚，息其亂心。不從。詔遣黃門侍郎楊昱分散之於冀定瀛三州就食。深謂纂曰，此輩復為「乞活」矣，禍亂當由此作。既而鮮於修禮叛於定州，杜洛周反於幽州，其餘降户猶在恆州，遂欲推深為主，深乃上書還京師，命左衛將軍楊津代深為都督。

論者往往歸咎於不從安置北鎮降戶於恆州北，而分散之於冀定瀛三州就食，以致釀成大亂。殊不知魏朝採取如此之決策者，非僅因冀定瀛等州土地饒沃可以供給降戶就食，實亦有二原因：㈠在此以前魏朝邊鎮本有南北移防之故事，徙降戶於冀定瀛三州。正符合祖宗之舊制。觀《魏書・肆下・世祖紀下》云：

太平真君五年六月北部民殺立義將軍衡陽公莫孤，率五千餘落北走，追擊於漠南，殺其渠帥，餘徙冀相定三州為營户。

及同書柒上〈高祖紀上〉云：

延興元年冬十月丁亥沃野統萬二鎮敕勒叛，詔太尉隴西王源賀追擊至枹罕，滅之，斬首三萬餘級，徙其遺迸於冀定相三州為營户。

〔延興〕二年三月連川敕勒謀叛，徙配青徐齊兗四州為營户。

同書同卷下〈高祖紀下〉云：

太和二十一年六月壬戌詔冀定瀛相濟五州發卒二十萬，將以南討。

等條，知北魏祖宗本以冀定瀛相濟青齊徐兗等州安置北邊降人，使充營戶，魏朝此舉未可以爲重大之錯誤。又觀《魏書・柒肆・爾朱榮傳》略云：

榮率眾至肆州，刺史尉慶賓畏惡之，閉城不納，榮怒，攻拔之，乃署其從叔羽生為刺史，執慶賓於秀容。自是榮兵威漸盛，朝廷亦不能罪責也。

若果安置此等降戶於恆州北，則此最有戰鬥力之徒眾必入於爾朱榮之勢力範圍，與後來葛榮之衆歸於爾朱氏，復轉入高歡之手者正同一例。如《隋書・貳肆・食貨志》所云：

尋而六鎮擾亂，相率內徙，寓食於齊（此齊乃《魏書・壹佰陸上・地形志上》，武州領之齊郡）晉之郊，齊神武因之，以成大業。

者，可爲明證也。

據前引《魏書・世祖紀・高祖紀》之記載知北魏常以高車即敕勒或丁零族充任邊鎮營戶，蓋此族爲諸胡中最善戰者。觀《魏書・壹佰參・高車傳》略云：

高車初號為狄歷，北方以為敕勒，諸夏以為高車丁零。太祖時分散諸部，唯高車以類麤獷，不任使役，故得別為部落。

及同書捌參〈外戚傳・賀訥傳〉略云：

訥從太祖平中原，其後離散諸部，分土定居，不聽遷徙，其君長大人皆同編戶，訥以元舅甚見尊重，然無統領以壽終於家。

等條可知也。又觀《魏書・壹壹參・官氏志》略云：

從第四品上　　高車羽林郎將
從第四品下　　高車虎賁將軍

同書壹玖上〈汝陰王天賜傳〉略云：

簡西部敕勒豪富兼丁者為殿中武士。

及同書肆肆〈宇文福傳〉略云：

高祖敕福領高車羽林五百騎，出賊（指南朝軍言。）南面，遏絕歸路。

則是北魏不獨以高車族爲邊兵，且以之充禁旅矣。至青齊諸豪之來源，或是邢杲黨徒之後裔。《魏書．壹肆．高涼王孤傳附上黨王天穆傳》云：

初杜洛周鮮于修禮為寇，瀛冀諸州人多避亂南向，幽州前北平府主簿河間邢杲擁率部曲，屯據鄚城，以拒洛周葛榮，垂將三載。及廣陽王深（淵）等敗後，杲南度，居青州北海界。靈太后召流人所在皆置命屬郡縣，選豪右為守令，以撫鎮之時青州刺史元世儁表置新安郡，以杲為太守，未報，會臺申休（疑）簡受郡縣，以杲從子子瑤資蔭居前，乃授河間太守，杲深恥恨，於是遂反，所在流人先為土人凌忽，開杲起逆，率來從之，旬朔之間眾踰十萬。劫掠村塢，毒害民人，齊人號之為「䐗榆賊」。

殊堪玩味，蓋此輩豈亦北魏早期河北屯戍營戶之後裔耶？常疑楊隋之祖先頗與之有關，以非此篇範圍姑不置論。

總之冀定瀛相濟青齊徐兗諸州皆隋末唐初間山東豪傑之出產地，其地實爲北魏屯兵營戶之所在。由此推測此集團之饒勇善戰，中多胡人姓氏（翟讓之「翟」亦是丁零姓），胡種形貌（如徐世勣之類），及從事農業，而組織力又強（其由鎭兵轉爲農民之歷程涉及北朝兵制範圍，此文所不能詳，可參拙著《隋唐制度淵源略論稿．兵制》章）。求其所以然之故，茍非假定此集團爲北魏鎭兵之後裔，則殊難解釋。茲略引史料，以爲證釋如此。然歟？否歟？願求教於當世治國史之君子。

發表於一九五二年《嶺南學報》，一二（一），一—一四

大家講堂 007

唐代政治史述論稿

作　　者 —— 陳寅恪
發 行 人 —— 楊榮川
總 經 理 —— 楊士清
總 編 輯 —— 楊秀麗
叢書企劃 —— 蘇美嬌
封面設計 —— 姚孝慈
出 版 者 —— **五南圖書出版股份有限公司**
地　　址 —— 台北市大安區 106 和平東路二段 339 號 4 樓
電　　話 —— 02-27055066（代表號）
傳　　眞 —— 02-27066100
劃撥帳號 —— 01068953
戶　　名 —— 五南圖書出版股份有限公司
網　　址 —— http://www.wunan.com.tw
電子郵件 —— wunan@wunan.com.tw
法律顧問 —— 林勝安律師事務所　林勝安律師
出版日期 —— 2020 年 8 月初版一刷
定　　價 —— 320 元

國家圖書館出版品預行編目資料

唐代政治史述論稿 / 陳寅恪著 . -- 1 版 . -- 臺北市：五南，
2020.08
面 ; 公分 . -- (大家講堂 ; 7)
ISBN 978-957-763-920-2 (平裝)

1. 中國政治制度　2. 唐代

573.141　　109002643